まだ見ぬ“いちばん”を探す旅へ!
自分にとってのとっておき(ベトナム)

お宝夜景は来る度に豪華さを増して（中国）

いちばんの美景・絶景

歴史に想いを馳せながら（ベトナム）

街並みの切り取り方は旅人次第（ドイツ）

写真ではなく実物をこの目に
（イギリス）

自転車に乗って探しに行きたい
（オランダ）

想像を膨らませ異世界気分（ポーランド）

海の青さは場所によりけりらしい
（メキシコ）

上／ピザとは違うのだよ、ピザとは！（トルコ）
下／辛いもの選手権ナンバーワン？（ブータン）

胃袋でもいちばん探し

右／到着して一食目に何を食べるか（タイ）
左／知っている見た目でも味は未知（ネパール）

お酒に合うかどうかも注目点（スペイン）

白いご飯が食べられるありがたみ（ネパール）

右上／旅しているとフルーツ好きになる（メキシコ）
左上／この笑顔だけで美味しさ何割も増しに（タイ）
右下／下手な観光地よりも市場が楽しい（メキシコ）
左下／きっかけは屋台での買い食い（マレーシア）

ときには笑顔に課金したり（ネパール）

知らない人とお茶する不思議（エチオピア）

いちばん癒された笑顔は？

堂々とナンパ？ 旅先では強気に（キューバ）

風景よりもずっと映えていたよ（韓国）

人気者になった気分に（バングラデシュ）

民族衣装が似合う笑顔を見つけた（ブータン）

左端／カッコイイおじさんに憧れるのだ
左中／女性のほうが生き生きしていたりも
右中／登場人物の多い国だ（以上ネパール）
右端／そしてまた課金させられる（モロッコ）

笑顔が最高のお土産になる
ことも（キューバ）

子どもたちの無邪気さに救われる（ネパール）

一丁前に店番だってできるらしい

とっておきの絶景を
教えてくれたり

ネコもいちばんを探すのにゃ

ネコの目線なら新発見も？

街をぶらぶら一緒に散策したことも

（以上トルコ）

わたしの旅ブックス
036

いちばん探しの世界旅

吉田友和

産業編集センター

はじめに

「一番良かったのはどこですか？」

これは世界一周旅行から帰ってきたときに、もっともよく聞かれた質問だ。同時にもっとも答えにくい質問でもあった。

なぜなら、どこも良かったから。選びきれないのが正直なところなのだ。

そもそも、「良かった」だけだと漠然としている。質問した人もきっと何が良かったのか、どのように良かったのかについて知りたいはずだ。

そこで、そういう質問を受けた場合には、特定のテーマに絞る形で答えるようにしてきた。

「街並みが一番きれいだったのは〇〇〇」

「人が一番やさしかったのは△△△」

「美人が一番多かったのは□□□」

といった具合に。

世界一周後も隙を見つけては海外へ出かけるようになったが、繰り返し旅をするうちに、それら「いちばん」は随時更新されていった。素敵な場所はまだまだたくさん存在する。やがて、自分にとっての「いちばん」を探すことが旅の目的のひとつにもなった。

本書で綴っていくのは、まさにそんな話だ。毎回何かしらのテーマを決めて、旅先で出会った「いちばん」について紹介する。

当然ながら、今後もっといいところが見つかる可能性はある。旅をし続けている限り、「いちばん」は随時更新されていく。あくまでも執筆時点での「いちばん」であることは断っておきたい。

いちばん探しの世界旅―目次

テーマ 1

世界でいちばん美味しい国 タイ

初っ端となる本項では、「ご飯がいちばん美味しかった国」について紹介してみたい。ベタだけれど分かりやすいテーマなので、「はじめに」で書いた、「一番良かったのはどこですか？」という質問を受けたときによく答える内容でもある。

自分にとってご飯の美味しい国——それは、タイだ。迷うことなく、即答である。

これればかりは好みの問題というほかない。前世がタイ人だったのではないかと思うほど、あの国の食事は我が口に合う。1週間ぐらい滞在したとして、その間3食すべてタイ料理だったとしても文句はないほどだ。

単純に辛いものが好き、というのもあるが、タイ以外にも料理が辛い国はたくさんあるから、それだけでは説明がつかないだろう。というより、タイ料理というとスパイシーな味付けを想像しがちだが、別にすべての料理が辛いわけではない。

たとえば、タイの屋台ご飯の定番である麺料理などは、タイの食文化を知る上で分かりやすい例といえるかもしれない。丼に入った、日本でいうラーメンのような食べ物で、日本では「タイラーメン」などと呼ばれたりもしている。

注目すべきは、タイラーメンの店ではテーブルに必ず4種類の調味料が置かれていることと。粉末唐辛子、ナンプラー、お酢、砂糖の4つだ。そのままでは薄味なので自分で好みの味付けにして食べるのだ。

タイ料理というのは辛いだけでなく、しょっぱかったり、酸っぱかったり、甘かったりする。あらゆる味が混じり合って、不思議と調和が取れている。これぞタイ料理の真髄なのだが、唐辛子と砂糖という真逆の味を一緒に入れるのが興味深い。

タイラーメンの店では、注文するときに客が麺の太さを指定するシステムになっていることもユニークだ。麺は細い順にセンミー、センレック、センヤイという。それらはいずれも米粉でできたビーフンで、ほかにバミーという小麦の黄色麺もある。

さらにはスープなしにしてもらい、混ぜそばのようにして食べるのも美味しい。自在にカスタマイズできるこの柔軟性もまたタイならではだ。

麺の店はどんなに田舎へ行っても大抵見つかる。基本中の基本であり、もっともお世話になるタイ料理だ。

ご飯が一番美味しい国タイにおいて、一番好きなメニューは何かというとガパオライスである。挽肉のバジル炒めをご飯の上にかけたもの。目玉焼きが乗っているのが定番スタイルだ。大皿料理ではなく、定食のような一品なので、一人旅で食べやすいのもいい。

タイを旅するときは、到着して1食目はまずガパオライスと決めている。その際、ついでにシンハービールで乾杯するのもお約束のひとつ。夢のような瞬間である。

日本では「ガパオライス」という呼び方が浸透しているが、「ガパオ」というのはタイ語でバジルの意味。注文するときは「パッ・ガパオ・ガイ・カイダーオ」などと言うのが

バンコクへ到着したら、まずはガパオライスと決めている。その際、シンハービールも忘れずに。「からい～」と悲鳴を上げながら食べる幸せ。

正しい。実際には「ガパオ・プリーズ」だけでも結構通じたりするが……。「パッ」が炒める。「ガイ」は鶏肉で、この部分を豚肉を意味する「ムー」などに変えることもできるが、個人的にはガパオライスは鶏肉がベストだと思う。最後に「カイダーオ」を付けることで、目玉焼きを乗せてくれる。

こうして書くと、タイ語に詳しい人間と誤解されそうだが、自分が知っている単語なんてごく一部だ。それも、料理にかかわるものばかりである。美味しいご飯にありつくためにはその国の食文化を理解したほうがいい。食文化について学ぶうちに、自然と関連する現地語も覚えていくものだ。

タイは自分にとって一番訪問回数の多い国だが、ご飯が美味しくなかったら、きっとこれほど頻繁に通わなかっただろう。ご飯が口に合うかどうかは、やはり重要な条件なのだ。世界一周では45ヵ国を旅したが、日本を出て最初に到着したのがタイだった。ついでにいえば、その世界一周は自分にとって生まれて初めての海外旅行でもあった。つまり、タイは自分にとって旅の原点とでも呼べる存在。結果的に、一番最初に「いちばん」に出会っている。つくづく、縁があるなあと思うのだ。

小腹が減ったら、そこら中で気軽に買い食いできるのもタイの魅力。何を食べても美味しくて、そして安い。屋台メシでは定番のひとつ、カオマンガイなどは近年は日本でもだいぶ一般的に知られる存在になった。

南国だけにタイはフルーツも充実している。とくに旬の季節のマンゴーは甘みたっぷりで、病みつきになるほど。思わず「アローイ！」(美味しい)と叫びたくなる。

テーマ 2

世界でいちばん驚く国 中国

驚きの多い国は、旅のし甲斐がある。自分の価値観が揺らぐ瞬間は案外快感だ。我々の常識が通用しないからこそ、むしろおもしろい。

これまで旅してきた中で、驚かされた国を挙げるなら、真っ先に思い浮かぶのは――中国だ。「驚かされた」と過去形で書いたが、いまだに訪れる度にビックリさせられている。自分にとっては「世界でいちばん驚く国」といっていい。

中国へはこれまでにおそらく20回以上は訪れているが、初訪問のときからカルチャーショックの連続だった。あれは世界一周の途中で、ベトナムから北上して陸路で入国したときのこと。雲南省の昆明《クンミン》という街に着き、バスの車内で目にした光景はいまも忘れられない。

すぐ隣にハッとするほど美しい女性が立っていた。真夏の暑い季節だったからか、女性はノースリーブ姿だった。おかげで吊革を摑む腕は肌が露わになっていたのだが――えっ!? と、思わず二度見してしまった。ここまで書いたら、勘の鋭い人はオチが予想できたかもしれない。

そう、そのモデルと見紛うばかりの美女には、黒々とした腋毛が生えていたのだ。当時の中国では無駄毛を処理する習慣がなかったのだと後で知った。念のために書くと、別にそれがおかしいことなどとは思っていない。自分の常識では推し量れない光景に出合い、驚いたという話である。

ほかにも、小さな子どもたちがはいていた、通称「股割れズボン」にも衝撃を受けた。その名の通り股部分が割れており、排泄の際に、脱がずにそのままできるズボンだ。自分に子どもができてみると、あれはあれで理にかなった一品だったのだなあと理解できるが、最初に見たときは目玉が飛び出そうなほど驚いた。

あれから15年以上が経ち、中国は目覚ましい発展を遂げた。古い建物は次々と取り壊され、新しいビルに置き換えられていった。景色だけでなく、経済成長を遂げたことで人々の生活習慣も様変わりしている。

たとえば、行列へ対する意識の変化などは典型的といえるかもしれない。かつての中国は、列とは無縁の国だった。とくに苦労したのが駅で切符を買うとき。窓口に並んでいると、次々と割り込まれていく。こちらも強い意志を持って、断固闘う姿勢で臨まないといつまで経っても切符が買えないのが中国の旅だった。

ところが、そんな状況も過去のものとなってきた。相変わらず横入りをする人はいるものの、都市部に限っていえば少数派だ。北京で地下鉄の切符を買おうとして、見事に割り込まれたときのこと。気がついた駅員さんが、その不届き者を注意してくれたのには逆に驚いた。中国も変わったなあとしみじみした。

いまや中国は、世界一変化の早い国といっていいだろう。近年はどちらかといえば革新的な技術や、画期的なサービスに驚かされることも増えてきた。とくにＩＴの分野ではその進歩が著しい。たとえば中国製スマートフォンは低価格ながら、高スペックな機種が揃い、その世界シェアはトップクラスだ。

日本でも最近少しずつ浸透し始めたＱＲコード決済も、中国では何年も前から普及している。いまではお金の支払いはスマホで行うのが常識だ。中国人は財布を持ち歩かなくなったと言われる。知らないと「本当に？」と疑いたくなるところだが、現地に行ってみると想像以上に現金離れが進んでいて驚かされるはずだ。

そうなると、困るのが我々外国人旅行者だ。中国独自のＱＲコード決済アプリをインストールして使いこなさなければならない。現金至上主義の日本からすると考えられない現

QRコードを表示させてピッとスキャンする。市場のようなところでも必ずコードが掲示されていて驚かされる。スマホのバッテリーが切れたら支払い不能に。

状だが、中には現金お断りの観光地さえあるから問答無用で対応が迫られる。

四川省にある楽山大仏という、世界遺産にも登録されている有名な観光地を訪れたときのことだ。券売機で入場券を買おうとしたら、なんと現金の投入口が存在しなかった。聞くと、支払いはアプリでの電子決済のみだという。もちろん、クレジットカードも使えない。

困り果てていると、幸いにも近くにいた人が助け船を出してくれた。その場で現金を渡して、代理で購入してもらうことで事なきを得たのだった。

未来を感じさせられる驚きのエピソードがある一方で、昔ながらの中国らしさが完全に失われたわけでもないことは特筆したほうがいいだろう。

楽山大仏を観光した帰りのバスでのことだが、ギョッとする光景に出くわしたので最後に紹介しておきたい。

同乗していた親子連れの客が、突然慌てた様子で騒ぎ始めた。どうやら子どもが催してしまったらしい。そのまま降車口へと駆け寄る親子をみて、トイレへ行くためにいったん降りるのだろうと予想した。ところが、とんでもない展開が待っていた。

ドアの手前に置いてあった、清掃用具と思しきバケツの上を子どもにまたがらせた。そうして——ズボンの股の部分がぱっくり割れて——以下、省略。ああ、やっぱり中国なのだなあと、懐かしい気持ちになった。

北京ダック。歴史ある中華料理の奥深さに驚かされる。

北京駅の巨大さ。あらゆるものがスケールが大きい。

シェア自転車は、都市部では日常的な移動手段として普及。乗り捨て自由で便利な半面、大量の放置自転車などさまざまな問題も出てきている。

シェア自転車、シェア傘など最新の驚きサービス。数年遅れで日本でも似たサービスが始まった。

名前はダ●ソー、ロゴはユ●クロ、そして商品ラインナップは無●良品を彷彿させるという、いかにも中国らしいお店。

生ビールのような写真はお茶。上に浮いている白い物体はなんとチーズ!?　現地で大行列。日本にはない発想のおもしろドリンクだ。

どこかで見たことがあるような？　模倣も文化と割り切って楽しむべきか。

パンダも食べるのが大好き。可愛いけれど、写真で見るのとは違って、白くないことに衝撃を受けたりも。

テーマ 3

世界でいちばん高い国
スイス

世界一周で訪れた地域の中で、とくに駆け足気味の滞在だったのはヨーロッパだ。欧州はアジアやアフリカに比べると物価がグッと上がる。バックパッカーの節約旅行では、高い国は素早く回って、安い国でのんびりするのはある意味セオリーとなっていた。要するに、予算の都合で先を急ぐ必要があったわけだ。

とはいえ、あまりケチケチするのもつまらない。当時ヨーロッパで出会った旅人の中には、節約するために「食事は毎日サンドイッチで済ませている」などと豪語する人もいたが、そこまでするほどの根性は自分にはない。適度に贅沢もしながら、なるべく効率良く周遊するようにして欧州の旅を楽しんだのだった。

同じヨーロッパでも、国によって物価は結構違う。中欧やポルトガルなどは比較的安めで、そのぶん居心地が良かったことを覚えている。スウェーデンやイギリスなど高い国では、現地の友人宅にお世話になりつつ乗り切ったりもしたが、そういう裏ワザを使えるアテのない国に関しては最初からあきらめるしかなかった。

具体的には——スイスだ。かの国が世界一の物価の高さを誇るなどという噂は旅人の間でも定説で、それを理由に敬遠する人も多かった。マクドナルドのサイトでメニューを見てみると、その金額にアッと驚かされる。ビックマックがMサイズのセットで13フランとある。日本円にして1500円弱は呆然とするほど高い。

「いつかお金持ちになったら来よう」

などと自分を納得させ、そのときは泣く泣くスルーすることにしたのだった。

雪辱を果たす形で、晴れてスイスを訪れることができたのは、それから10年後のことだ。ヨーロッパを鉄道で周遊する旅の途中で、イタリアから陸路入国した。

なぜそのルートで入ったのかというと、乗ってみたい列車があったからだ。その名も「ベルニナ急行」という。世界遺産にも登録されている歴史ある山岳鉄道で、標高差約1800メートルもあるアルプスの峠を越える。真っ赤に色塗られた車体に、屋根近くまで大きな窓で覆われたパノラマ車両は憧れの存在で、スイスへ行くならぜひ乗車体験をしたいと願っていた。

ベルニナ鉄道は蛇行を繰り返しながら、険しい峠をものともせずに高度を稼いでいった。車窓には真っ白な雪山が広がっている。スイスといえば自然が豊かな国というイメージがあったが、「自然が豊か」というより、「自然しかない」とさえ思える景色だった。その鉄道から眺めた世界の果てを彷彿させる絶景が、自分にとってのスイスという国の第一印象となった。

100年以上もの歴史を持つ、世界遺産のベルニナ急行でイタリアから入国。アルプスの山深い風景に目を細めた。この路線は実は日本との縁も深く、箱根登山鉄道と姉妹提携していたりもする。

山をひとつ越えるごとに街が現れ、その都度列車は停車する。大半は小さな街だが、乗客がちらほら乗り込んでくる。観光路線ながら、地域の住民の足として活躍している列車なのだ。

標高が2000メートルを超えると、未開封のポテトチップスがぱんぱんに膨らんできた。猛吹雪で視界がまったく見えない区間もあった。ただ列車に揺られているだけなのに、充実した時間が続く。終着駅に辿り着く頃にはすっかり陽も落ちてきたので、「クール」という名前のその駅で宿を探すことにしたのだった。

泊まってみて知ったのだが、クールはスイスで最も古い歴史を持つ街だという。入り組んだ石畳の道が電球の薄明かりに照らされ、三角屋根のノッポな建物が隣どうし密着して立っている。やたらとメルヘンな雰囲気が漂う街並みで、童話の世界に迷い込んだような気分になった。

ところが夢見心地でいられたのも束の間だった。夕食を取ろうと入ったレストランで、メニューを見て……現実に引き戻された。そう、高かったのだ。覚悟はしていたものの、やはりずいぶんと高い。一人で食事をして53フラン、約5800円だった。高級レストランではなく、宿に併設のカジュアルな食堂でこの値段なのだ。

その後も、スイスでは物価の高さに辟易させられる場面が続いた。たとえば駅のコインロッカーに荷物を預けるのに料金が8フランもしたり。それを支払うのに細かいお金がなかったので、近くのキオスクで飲み物を買って崩そうとしたら、ペットボトルのドリンク類で3フラン以上もしたり。路線バスに乗ったら近距離にもかかわらず運賃が5フランだったり。メモを見返すと、スイスに関する記述だけはそんな風に金額が細かく書かれていたから、我ながら値段の高さによほど強い衝撃を受けたのだろう。

こんなに高くて暮らしていけるのかしら、と疑問に思うのだが、スイス人の平均月給は70万円を超えるのだと聞いて納得した。税金や福祉などの社会システムが異なるから単純比較はできないが、高収入ありきの物価高である。ビックマックのセットが1500円して頭を抱えるのは外国人旅行者だけというわけだ。

結局スイスには1泊しかしなかった。いや、できなかったと言った方が正解か。

「いつかお金持ちになったらまた来よう」

10年前と同じように自分を納得させ、次の国へとさっさと退散したのだった。

古都クールを散策しながら気になったものをパチリ。スイスといえばやはり時計？　ロレックスも発見したが、入店する勇気は出なかった。高い高いと文句を言いながらも、スイスの滞在自体は快適で、大自然や歴史ある街並みなど見どころも多い。たったの1泊しかしていないのに、強く印象に残っている国だ。

フランスより可愛らしく、ドイツよりファンシーという感想も持った。

人々の暮らしが美しい自然と共存している。美景の宝庫だ。

テーマ
4

世界でいちばん大きい国
アメリカ

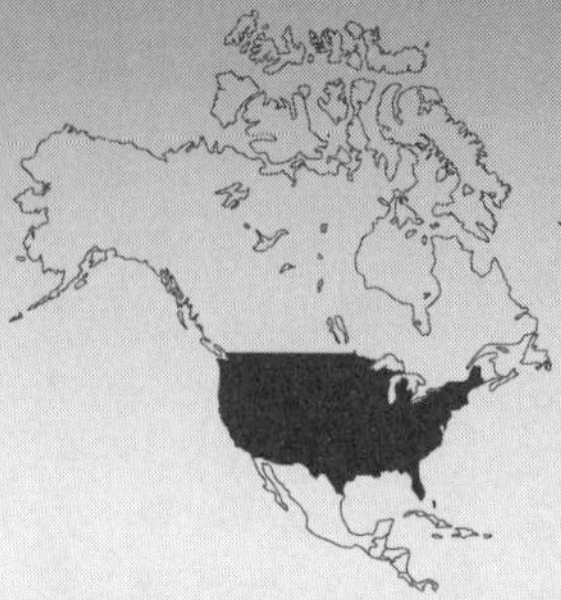

2019年のGWにフロリダのディズニー・ワールドへ遊びに行ったのだが、アメリカはやっぱりぶっ飛んでいるなあと改めて認識した。良くも悪くも、ほかの国々にはない独自の個性を持つのは確かで、だからこそおもしろいのだと思う。

ぶっ飛んでいると書いたが、もっとわかりやすい言葉で置き換えるなら「大きい」という表現がふさわしいかもしれない。さすがは世界一の超大国、いちいちスケールが大きいのだ。

フロリダへは日本からの直行便がないため、アメリカ国内の都市を経由する。そのときはアメリカン航空を利用したため、ダラスで乗り換えだった。テキサス州が誇る、アメリカ屈指の国際空港だけあって、これが途轍もなくデカイ。

あまりの巨大さに、ターミナル内を移動するだけでもべらぼうに時間がかかるのだ。ターミナル間はモノレールで移動するのだが、日本だったらもはや隣町といっていいほど離れている。

さらには入国審査を受け、荷物をピックアップしてと、やることが多い。乗り継ぎ時間が4時間近くもあったので、当初はどうやって暇をつぶそうかなあなどと考えていたのだが、あっという間に次のフライトの搭乗時刻になってしまい、食事をする時間もなかった。

　お目当てのディズニー・ワールドも、尋常ではない広さだった。噂には聞いていたが、実際に体験してみないと理解できない。総面積は約122平方キロ。これは山手線内側の面積の約1・5倍にも及ぶ。東京のディズニー・ランドとディズニー・シーを合わせた面積と比べても100倍以上もの広さを誇るから、もはや勝負にならないレベルといえるだろう。ファンタジーな世界に滞在しているせいもあって、どこか別の国へ来たかのような錯覚がしたほどだ。

　思えば、初めてアメリカを訪れたときにも、その大きさに圧倒されっぱなしだった。西海岸のサンフランシスコから、東海岸のニューヨークまでレンタカーで横断したのだが、陸路で移動していると、国土の大きさを肌で感じられる。とくに内陸部は本当にだだっ広くて、見渡す限りの荒野の中、道路しかないという光景が何時間も続いたりする。それでいて、退屈するかというと意外とそんなこともない。お家を一軒まるごと移設するのか、対向車線に住居を牽引する車が走ってきたときには心底ビックリした。ただ運転しているだけでも、何かしら刺激的な出来事が起きるのはアメリカならではだ。

クルマで旅していたから、自然と触れ合う機会も多かった。テントを持参してキャンプをしながらの移動である。キャンプ場も広々としており、日本のように目の前に隣人のテントがある、みたいな状況はあり得ない。グランドキャニオンなどの有名な国立公園には必ずキャンプ場があって、これがまた最高のロケーションだった。

印象深いのは、アメリカ人のキャンプのやり方だ。バーベキューの火がなかなかつかなくてアタフタしていたら、通りかかった男性が手助けしてくれたのだが、その着火方法が豪快だった。オイルをドバドバとかけてその上にマッチを投げ入れたのだ。すると瞬時にしてボウッと漫画のような炎が上がった。実に合理的というか、大雑把というか。とにかく火がつけばそれでいい、という発想はいかにもアメリカ人的なのだ。

食事は自炊だったので、通りかかったスーパーで食料などは随時調達するのだが、買い物もちまちまとしたやり方は似合わない。特大サイズのカートに入りきらないほどの商品を詰め込んでレジへ並ぶのも当たり前の光景だ。

飲み物などは箱買いが基本だし、牛乳は飲みきれないほど大容量のパックで売られている。肥満が社会問題化している国だからか、牛乳はローファット、つまり低脂肪のものがダイナミックな自然こそがアメリカの最大の見どころといっても過言ではない。キャンプをしながらクルマで旅していたせいで、そのことをひしひしと実感した。

人気なのだが、そもそものサイズが大きいからあまり意味がないような……などと突っ込みたくもなった。

結構駆け足のつもりだったが、それでも横断するのに計24日間もかかっている。その大きさをまざまざと実感させられた旅だった。

以後もアメリカへ行く度に、その大きさにアッと驚かされているが、価値観が違いすぎることでときには行き違いも生まれる。

わずか2泊4日で渡米したときのことだ。あまりに強行軍だったから不審に思われたようで、入国審査の際に別室に連れて行かれた。もちろん何も悪いことはしていないからすぐに無罪放免となったが、係官に言われた次の台詞が印象に残った。

「自分が日本へ旅行するなら、こんな忙しないスケジュールは組まないですね」

余計なお世話だと思ったが、一方で「まあそうだろうなあ」と納得する気持ちもあった。あれだけ大きな国で生まれ育ったなら、自分もきっと同じような時間感覚を持ったに違いない。アメリカはやはり大きい。国土の大きさは、人々の考え方にも影響を及ぼすのだ。

アメリカにいると毎日のように目にするのが星条旗。旅していて国旗をよく見かける国とそうでない国があるが、アメリカは前者の筆頭といえるだろう。人々が祖国を愛しているさまが垣間見えるのだ。

左／アメリカは世界一の娯楽大国だ。ハリウッドがあるし、ラスベガスもある。カジノのおもしろさは初渡米時に知った。いつかジャックポットを当ててみたいなあ。
右／ヒップホップやR&Bといったブラックミュージックが昔から好きで、アメリカの音楽シーンに憧れてきた。旅行ついでに本場のクラブや、ライブハウスに足を運ぶのも最高だ。写真はデ・ラ・ソウルのライブ。

ニューヨークはアメリカの中でも思い入れの深い都市。横断時もここがゴールだった。まさに世界の中心という感じで刺激にあふれる。

アメリカでの食事というと、思い浮かぶのはやはり肉、肉、肉！　美味しいのだけれど、食べきれないほどのビッグサイズで出てくるから、毎回圧倒される。

テーマ 5

世界でいちばん近い国
韓国

その国へ来たことをしみじみ実感する瞬間がある。特定の食べ物だったり、あるいは単純に風景だったり。きっかけはさまざまだが、とにかくその国ならではの要素が登場したことで、自分の中で本格的にスイッチが入る。

たとえば韓国ならば——銀の箸だ。

日本とは違い、同国では金属製の食器類が使われている。箸のほかにも、ご飯茶碗なども金属製で、しかも蓋付きで出てくる。

韓国は日本に最も近い外国だ。それは、距離的な意味だけではない。文化や生活習慣などにも少なからず共通点を見出せるし、都市部に関していえば、街並みもどこか似通っている。

だから、ほかの国々と比べると、旅していて異国感に欠けるのも正直なところなのだが、あの金属製の重たい箸を手に持った瞬間、日本ではない事実を思い知らされる。そして、

「あぁ、韓国へ来たんだなぁ……」

と、急速に実感が湧いてくるのだ。

いきなりなぜ韓国の話をしているのかというと、つい先日行ってきたばかりだからだ

（2019年6月執筆時点）。今回は往路は船で海を渡る形で釜山へ到着し、復路は飛行機で帰ってくるという、いささかややこしいルートで旅した。空路だと釜山から東京まで2時間で着いてしまう。個人的に東京〜福岡のフライトをよく利用するが、距離的にはほとんど同じ感覚だ。それほどまでに近いのだ。

これは韓国を旅する度に思うことだが、先進的な部分と、発展途上な部分が混在しており、しかも結構両極端という印象を受ける。

釜山では甘川洞《カムチョンドン》文化村へ立ち寄った。山の斜面にカラフルな家々が立ち並び、SNS映えする絶景として大人気のスポットだ。ここは元々は観光客など訪れないローカルなエリアだったが、「マチュピチュ・プロジェクト」を立ち上げ、観光地化が図られた。マチュピチュというのは、失われた空中都市として有名なペルーのマチュピチュ遺跡のことだ。

いわゆる村おこしの成功例なのであるが、企画が立ち上がったのが2009年というから、先見の明があったのだろう。日本で「インスタ映え」が流行語大賞の候補になったのは2017年である。8年も先取りしていたと考えると、韓国はトレンドに敏感という評価もできる。

カラフルな街並みで話題を集める甘川洞文化村。モノクロ写真だと伝わりにくいが、建物は色とりどりのペンキで塗られている。釜山の中心部からは離れた場所にあるものの、観光客でごった返していた。

一方で、釜山の空港ではオヤッと唸る出来事もあった。搭乗まで時間があったので、カフェでお茶をしようとしたときのことだ。りんごジュースを頼んだら、瓶で出てきた。昔ながらの、栓抜きでクイッと開けるタイプの瓶ジュースなのだが、なんと栓抜きが店にはないという。

「じゃあ、どうやって開けるの？」

質問すると、定員の女性が素手で開けてくれたから圧倒された。瓶の蓋はギザギザしているから、力を込めて握るとそれなりに痛かったりする。東南アジアやアフリカなどでは珍しくないシチュエーションだが、韓国（しかも空港内のお店）でも瓶の蓋を素手で開けるというのは僕には意外に感じられた。

前述した甘川洞文化村でも、内心密かに気になったことがあった。村の中を散策しながら、個々の家々を間近で見てみると、ペイントの塗り具合が案外雑なのだ。写真だけでは伝わらない、「絶景の舞台裏」が興味深いのだった。

いずれも些細な点ではあるが、一介の旅行者としては些細なものほどむしろ気になるのは確かだ。加えていえば、つい比較の目で見てしまうのは、やはり隣国だからなのだろう。ある意味、「日本にいちばん近い国」の宿命である。

実は、2ヵ月前にも韓国を旅したばかりだった。今年に入ってからだけでもすでに2度も訪れているのだが、気軽にリピーターになれるのはやはりその近さゆえのこと。

近年はインバウンドの影響もあって、日韓間を飛ぶLCCの便が急増し、格安で渡航できるようになった。春にソウルへ行ったときには、エアソウルが片道1万ウォンだったのだ。日本円にしてなんと1000円もしない。超激安である。焼き肉でも食べにフラッと韓国へ行く、なんて旅もいまや現実的なものとなった。

強いて問題点を挙げるなら、焼き肉など韓国料理は多人数向けのものが多く、一人旅だとたまに困ることもある。一人でもなかば強引に焼き肉店へ突入し、「ぼっち焼き肉」を楽しもうとしたりもするが、注文は最低2人前からというルールの店が大半なので割高なのだ。

焼き肉以外では、カンジャンケジャンなどもお気に入りだが、これまた一人で挑むには微妙にハードルが高い。渡り蟹を醤油漬けにした韓国料理で、むしゃぶりつくようにして食べる。

韓国料理もレパートリーが豊富で、同じ食材でも日本とは調理方法が違ったり、ときにはアッと驚くような斬新な逸品に出合えたりする。いちばん近い国とはいえ、なんだかんだいってやはり異国なのだなあと納得させられるのだ。

渡り蟹の醤油漬けカンジャンケジャンは、日本にありそうでない料理かも。韓国は屋台などのB級グルメも充実しており、食べ歩きが楽しい。

ヤクルト似の容器がSNS映えすると人気に。これはイチゴミルク味。

魚市場は活気に満ちていた。頼まずともまけてくれるなど、人情味を感じられるエピソードも。

地方都市を訪れた際に、銭湯に立ち寄った。浴槽が部屋の中央に設置されていたのは日本と違う点だ。

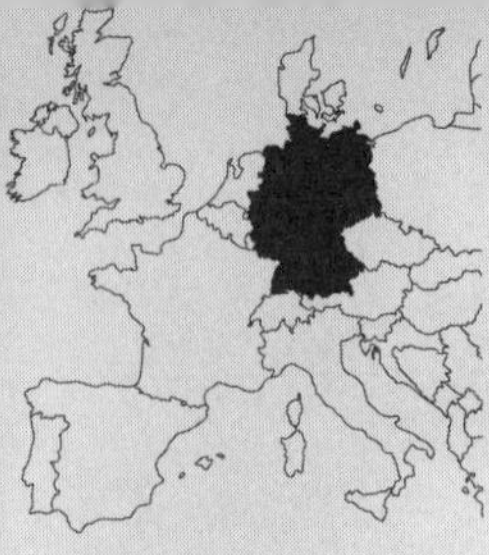

テーマ 6

世界でいちばん真面目な国 ドイツ

夏真っ盛りの季節にこれを書いている。実は、最初は「世界でいちばん暑い国」にしようかな、などと考えていたのだが、そうすると「日本」になってしまうので却下した。日本の夏は暑い。連日猛暑が続いてへばってくると弱音を吐きたくもなるが、一方で夏自体は割と好きだ。色々と理由はあって、ビールが美味しい季節であるというのもそのひとつ。

今回ドイツを取り上げたのは、ずばりビール繋がりである。安直な発想で恐縮なのだが、ビールといえばやはりドイツであろう。

初めてミュンヘンの空港に着いたときのこと。荷物を受け取り到着ロビーへ出ると、いきなりビールの匂いがプンプン漂ってきてビックリさせられた。なんと空港内に醸造所やビアガーデンがあって、できたてのビールが飲めるのだ。

夏が終わり、季節が秋に変わるとかの国ではビールの祭典が行われる。「オクトーバーフェスト」である。近年は日本でも各地で同名のイベントが開催されているが、本場で体験するとまるで別物だとわかる。ただビールを飲むだけのお祭りではないのだ。

とくに僕が注目したのは、ドイツの人々の羽目の外し方。なんというかもう徹底しているのだ。美味しいビールをたらふく飲んで、心ゆくまで騒ぐ――これが参加者たちの共通目的として定まっており、会場全体がそのためにお膳立てされている。一言でいうなら、「大人のテーマパーク」とでもいった感じ。

広大な敷地内には、まるで学校の体育館のようなビアホールがいくつも立ち並ぶ。各ビール会社が設けたそれらをはしごしながら、自慢のビールをぐびぐびしているうちにすっかり出来上がるわけだが、お祭りの楽しみはここからだ。

会場内にはビアホールと隣接するような形で、遊園地が存在するのだ。それも、結構しっかりした規模の本格的な遊園地だから侮れない。観覧車のような定番アトラクションのほか、各種絶叫マシンが用意されている。

ビールを飲んですっかり「酔っ払い化」したうえで、そんなものに乗ってグルグル回ったりするわけだから大変なことになる。

「すげえな……ドイツ人」

と、圧倒されたのだ。同時に、いかにもドイツらしいお祭りだと感じた。

ドイツはヨーロッパの中でも真面目な国民性である、というのは通説だ。彼らと接していると、そのことをさまざまと実感する。

海外で取材をしていると、みんな案外適当で、アポをすっぽかされたりすることも珍しくないが、ドイツだとそういう心配も無用。仕事のパートナーとして信頼できるというか。鉄道などもヨーロッパのほかの国と比較して運行時間が正確な印象だ。少なくとも自分は、遅延や運休に出くわした記憶はあまりない。

そして、普段は真面目な人たちだからこそ、遊ぶときも手を抜かない。オンとオフをしっかり切り替えられる人たちなのだ。

これは以前に別のエッセイにも書いた気がするが、ラブパレードというお祭りに行ったときにも同じようなことを思った。ベルリンの街中をドカドカ爆音を鳴らしながらパレードして踊り狂うという内容で、非常に熱狂的なお祭りだったのだが、どんちゃん騒ぎをした翌日には何事もなかったかのように綺麗に片付けられていた。夜を徹して撤収、清掃したのだと聞いて、ドイツ人の底力に感心させられたのを覚えている。

ドイツ人のあの生真面目さはある意味、我々日本人にも近しいものがある。だからだろうか。旅行先ではさまざまな国から来た旅行者と交流するが、中でもとくに仲良くなることが多いのがドイツ人だった。波長が合うのかもしれない。

同じ宿に泊まっている旅行者たちでパーティを開いたときのこと。約束の時間にちゃんと集まったのは我々日本人とドイツ人だけだった。

さらには宴が終わってから、後片付けまでしっかり手伝っていたのも日独のメンバーだけだったから、ドイツ人に親しみを覚えた。

「お互いなんだか損な性格だよね……」

と、そのときドイツ人の旅行者と苦笑いを浮かべながら語り合ったりした。

もちろん、たまたまそういう性格のメンバーだったと捉えることもできるが、個人的にこれまで出会った人たちに限っていえば、やはりドイツ人旅行者は群を抜いて真面目というのが感想だ。

世界一ビールの美味しい国であり、世界一真面目な国でもある。不真面目な国の方が突っ込みどころが豊富でネタにしやすかったりもするが、逆に真面目すぎるのもそれはそれでおもしろいなあと、ドイツを旅して思ったのだ。

念願のオクトーバーフェストへ。超巨大な宴会場という感じで圧倒された。ドイツの人たちは水を飲むような感覚でビールをぐびぐび飲むという印象だ。

ビールはやはり生がいい。つまみはシュニッツェルが合う。ドイツ料理の定番で、いわばとんかつの一種だが、日本のものより薄い。

ビール祭りの会場には観覧車などもあって、まるでテーマパークのような雰囲気。民族衣装を着た人々をたくさん目にした。これがオクトーバーフェストの正装らしい。

ライン川流域には中世の風情漂う古城が点在する。写真はハイデルブルクの旧市街を訪れたときの一枚。ドイツの歴史ある街はメルヘンで絵になる。

ドイツ観光の定番といえばノイシュバンシュタイン城。ミュンヘンから鉄道で日帰り可能なので、ビール祭りとセットで行く手も。

テーマ 7

世界でいちばんバイクな国 ベトナム

「横断するのに勇気がいる国」と自著に書いたことがある。もっとも、縦に長細いキュウリのような形をしている国だから、縦断はできても横断向きではない。横断は横断でも、これは道路を横断するのに勇気がいるという意味だ。

どういうことかというと、バイクである。

ベトナムでの町歩きは、ほかの国々とは勝手が違う。目の前の道路を渡ろうとすると、右から左からひっきりなしにバイクがやって来るのだ。通勤・通学の時間帯などはとくに激しく、それこそ波が押し寄せてくるかのごとく大量のバイクが道路を埋め尽くす。

初めて目にしたときはまるで暴走族の集会のように思えたほどだ。視覚的なインパクトに加え、無数のバイクのエンジン音が協奏曲のように重なり合い、爆音を響かせているのにも圧倒される。にもかかわらず、信号機はおろか横断歩道すらないから、途方に暮れてしまう。

「……え、ここを渡るの？」

と、戸惑うのはベトナム旅行のお約束のひとつと言っていいだろう。

道路を埋め尽くすおびただしい数のバイク。ある意味、ベトナム最大の見どころといってもいいかもしれない。1台のバイクに3人以上で乗っていたり、犬を乗せていたりして、大らかというか、自由なさまにも驚かされる。

波はそう簡単には途切れないから、待っていてもいつまで経っても横断できない。反対側へ行くには、意を決して突入するしかないのだ。

道路を渡るにはコツがあって、なるべく一定の速度で歩くのが鉄則である。バイクのほうで歩行者を上手く避けて行ってくれるからだ。

途中で立ち止まったりしたら余計に危ない。慣れないうちは、ほかの人が渡るタイミングで便乗して一緒に歩を進めると安心だろう。

世界でいちばんバイクな国――今回のテーマである。「バイクな」という表現はいささか強引かもしれないが、言いたいことは伝わるだろうか。世界じゅう旅した中でも、ベトナムほどバイクの存在感が強い国はない。

とにかくそこらじゅうバイク、バイク、バイクなのだ。実際、同国でバイクを保有する世帯比率は8割を超えているというデータもある。

バイクがベトナムの人々にとっては最もポピュラーな移動手段となっている一方で、困るのが我々外国人旅行者だ。バイク以外の移動手段が極端に乏しく、実は案外不便なのだ。電車はおろか路線バスすらほぼ走っていない。もちろん、タクシーという選択肢もあるが、周辺諸国と比べて台数が足りていない印象も受ける。

タクシーの代替手段として、旅行者がよくお世話になるのがバイクタクシーだ。バイクの後部座席に乗せてもらって、目的地へ連れて行ってもらう。タクシーよりも割安だし、そこら中にいるので乗りたいときにすぐにつかまるのが利点である。ただし、排気ガスをモロに受けるし、万が一事故に遭ったときのリスクも大きい。

近年はバイクタクシーもスマホのアプリで配車できるようになった。街中ではアプリ会社のロゴを付けたバイクが走り回っている。行きたい場所を指定して、近くを走っているバイクとマッチングする。

機能的に便利なことに加え、これがトラブル防止にも一役買っているようだ。アプリを介しているので明朗会計。相手の身元もハッキリしている。ベトナム旅行といえば、ボッタクリ話をよく聞いたものだが、昔よりも安心して旅ができるようになってきている。

少し前に、親しくしている友人がベトナムへ移住した。日本の住まいを引き払い一家全員で異国へ飛んだので、大丈夫だろうかと案じていたが、先日ホーチミンで久々に会ったら生き生きとしていて安心した。彼は日本ではバイク店を営んでいたのだが、その経験を生かしてベトナムでもバイク関連の仕事についている。

「ベトナムのバイクの年間販売台数は、日本の10倍にもなるんだよ」

彼がサラッとそんなことを言ったのを聞いて、なるほどと得心した。さすがは、世界でいちばんバイクな国なのだ。バイクの仕事をするなら、日本よりもベトナムのほうが市場は大きい。むしろ可能性は広がるというわけだ。

バイクが生活に根づいているのは、ホーチミンやハノイといった都会だけではない。というより田舎へ行けば行くほど、バイクへの依存度が高まるのだろう。日本では地方へ行くと自家用車が一人一台という感じで途端にクルマ社会になるが、この点ベトナムでは「バイク社会」といえそうだ。

ホーチミンではいま、街のあちこちが工事現場と化している。同国初となる地下鉄を作っているのだ。いまのところ、開通予定は2021年となっている。

地下鉄ができれば、いまよりもバイクが減る可能性はあるが、すぐに街の風景が一変するかというと、そんなに簡単にはいかないような気もする。バイクのないベトナムなんて、想像もつかないのが正直なところである。

旅行先として近年人気なのが中部の都市ダナン。プラカゴもベトナム土産の新定番。

日本にも専門店が増えたベトナム風サンドイッチ「バインミー」。屋台で買い食いが王道スタイル。

有名な麺料理「フォー」は主に南部で食べられている。ハノイなど北部では麺といえば「ブン」が主流だ。つけ汁につけて食べる「ブンチャー」は絶品。ベトナムは美味しいものだらけだ。

テーマ 8

世界でいちばん人が多い国 バングラデシュ

「バングラデシュって何が見どころ？」

と、聞かれたら即答したい。

「人」であると。別に、ほかに見るべきものがないと言いたいわけではない。どう考えても、それ以外に思いつかないのだ。

たとえば、現地で遺跡などを観光していたとする。最初こそ壁に残る精巧なレリーフに感心させられ写真を撮ったりもするのだが、なぜかいつの間にか被写体が入れ替わっている。たまたまその場にいた現地の人、すなわちバングラデシュ人にカメラを向けているのだ。あとで撮影データを見直すと、遺跡よりも人物写真の方が枚数が多い。摩訶不思議なのだが、実際に体験したエピソードである。

そういった現象が起きるのは観光地に限らない。むしろ、なんでもない町中でこそ出会いの確率は高くなる。

ダッカでブラブラ歩きをしていたときのこと。首都らしい喧噪に包まれた町並みに刺激を受け、道路を行き交うリキシャーの写真でも撮ろうかとカバンからカメラを取り出したはずが、やはりどういうわけか人の写真を撮っている。

もちろん、隠し撮りではない。写っている人物は基本的にみなカメラ目線であり、笑顔満面だったりする。人によってはポーズまでしっかり決めてくれる。

写真を撮るときは1枚だけということはなく、大抵は何枚か撮るわけだが、撮っているうちにモデルとなる人の数がどんどん増えていくのもこの国ではお約束といえる。

最初は1人、2人を撮っていたはずが、どこからともなく人が集まってくる。撮っている人たちの友人、知人だけでなく、まったく無関係の通りすがりの人までワイワイ参入してきて、気がついたら10人以上になっていた、なんてことも何度もあった。

なぜ、こうも人の写真ばかりになるのか。思い当たる理由としては、まずそもそも人が多いことが挙げられる。バングラデシュの人口は1億6000万人を超えている。これは国土の大きさからするとかなり多い数字で、世界でも屈指の人口密度を誇る。シンガポールなどの面積の小さい国を除けば、人口密度は世界一というデータもあるほどだ。まさに、「世界でいちばん人が多い」国と言っていいだろう。

それだけ人がいるから、どこへ行っても登場人物が現れる。前回のベトナムの原稿ではバイク、バイク、バイクであると形容したが、これがバングラデシュだと人、人、人に変

最初は数人だったが、撮っているうちにこんな大勢に。しかも全員男子!?

わる。

また、人が多いことに加えて、人懐っこい国民性であることも理由といえるだろうか。路上で人物の写真を撮っていると、撮影相手以外の近くにいる人が勝手に写り込んでいるケースもしばしばだ。

被写体の後方にいるからピントが合っていないのだが、それゆえにさりげなく紛れている様が余計に伝わってきて、思わず笑ってしまう。写真に写りたがる文化があるのか、それとも好奇心が旺盛すぎるのか。

バングラデシュの旅は、アジアのほかの国々と比べてハードルの高さも感じた。なにより、情報が少ない。マイナーというと言い過ぎかもしれないが、少なくとも日本人観光客がよく行くような旅先でないことは確かだろう。

トラブル系のエピソードもしばしばつきまとう。宿泊していたホテルをチェックアウトするときのこと。滞在中は毎朝決まってジンジャーティーを注文していたのだが、その値段がなぜか毎日違う金額になっていたり。

土産物屋でマグカップを買ったときには、タグに書かれていた金額よりも高い値段で請求されそうになったりもした。文句を言ったらタグに書かれた値段にしてくれたので、ホッと一安心したが、ホテルへ戻る帰路で包装されていた紙袋がやぶけて中のマグカップが地面に落ち、把手が取れてしまった。自分の過失ではあるものの、紙袋の強度的な問題もあったのだと誰にともなく言い訳したくなった一件である。

いずれにせよ、トラブルの種類としては対人的なものがほとんどなのだが、それも人の多さがなせる業といえるかもしれない。世の中いろんな人がいるわけで、人が多ければ多いほどそのぶんトラブル遭遇率は高くなる。

バングラデシュはイスラム教徒の多い国である。そのせいか、男性は男性どうし、女性は女性どうしでつるんでいる印象も受けた。そういえば、勝手に集まってきては写真に写り込んでいく人たちも、多くは男性だ。

「みんな仕事はどうしているんだろう。なんだか暇そうでいいよなあ……」

などと内心密かに羨んでもいたのだが、旅に同行していた妻もまたバングラデシュの女性たちに羨望の眼差しを送っていた。

「バングラの女性って女子校のノリが永遠に続いてるみたいで、楽しそうだよね」

言われてみると、男女共に無邪気だ。人はとにかく多いけれど、かといって接していて不快に感じないのは、そういう彼らの明るい性格によるところも大きいのだろうなあ。

トラックの荷台に所狭しと乗車する人たち。数えたら30人は超えていたから心底驚いた。リキシャーの色彩鮮やかな装飾もまたこの国の見どころ。

食事情はお隣インドに似ている。基本はカレー系メニューだ。お米も食べる。

ぶらぶら歩きをしながら、出会った街の人と交流を図る。これぞバングラデシュの楽しみ方と言っていいかも。

滞在中はやたらと人の写真ばかり撮ってしまった。バングラデシュ人は好奇心旺盛で、写るのが大好き。仲良くなりたいならカメラを持っていくといい。

テーマ 9

世界でいちばん意外な国

ロシア

国土の大きさは、旅したときのおもしろさに比例するような気がする。いささか乱暴な持論ではあるものの、面積が広ければ広いほど民族や文化が多様化するし、ダイナミックな自然にも触れられるのは確かだ。アメリカや中国、インドなどを思い浮かべると分かりやすい。

そして、自分にとってロシアもまた、大国らしいおもしろさに満ちあふれた国であった。いや、おもしろいというよりも、意外な国だったと言った方がいいかもしれない。

何が意外なのかというと、まず、日本から意外なほどに近い。極東のウラジオストクまでは成田からわずか2時間半のフライトである。韓国のソウルへ行くのとほとんど変わらない距離なのだ。ロシアというと遥か遠くの国というイメージを抱いていたが、それは誤解であった。ロシアもまた日本の隣国のひとつなのだ。

初めて訪れたロシアの都市はモスクワだったが、意外とアジアっぽいなあという感想も持った。たとえば市場へ行くと、野菜の積み方が大雑把だったり、魚が氷で冷やさずにむきだしで置かれていたり。ロシアにヨーロッパ的なものを期待していたから意外だった。

もちろん、これは町にもよる。続いて行ったサンクトペテルブルクなどは洗練された雰囲気で、欧州の薫りを感じた。町並みはパリのようだし、道行く人々のファッションもお洒落で、とくに女性はピンヒールでかつかつ音を鳴らしながら颯爽と歩いていたのが印象的だ。

「日本だと、あんなヒールの靴履いているの水商売の子ぐらいだよ」

と、同行した妻も呆気にとられていた。

そんなにも歩きにくそうな靴を履いているのに、歩くスピードが妙に速いことにも驚かされた。ロシアの人たちはせっかちなのだろうか、と思ったほど。そういえば地下鉄駅のエスカレーターが異様なほどに速くて戸惑ったりもした。

飲食店へ入ると、ウェイターがやけにきびきびと動いていることもまた意外だった。別の用事で通りかかったついでに、テーブルの空いた皿を下げたりと、よく働くのだ。

ちなみに食事もまた意外なほど美味しかった。ロシア料理というとボルシチやピロシキぐらいしか知らなかったが、実際には種類豊富で何を食べても外れがない。とくに感激したのが、パンの美味しさだ。滞在中はベーカリーに立ち寄るのが楽しみになった。

ローカルのご飯が口に合わなかったとしても、都市部ならば各国料理が食べられるので

ロシア料理は何を食べても外れなし。メニューが読めないのは困ったが……。

困らない。日本食の店も人気のようで、町中ではやたらと寿司屋を見かけた。西側諸国のたとえばマクドナルドやスターバックスといったチェーンも町のあちこちにあって、現地の人々の暮らしに根づいていることも予想以上だった。

ただし、英語は通じない。当たり前のようにロシア語オンリーの世界が待っている。通じないとは聞いていたが、まさかこれほどとは……と衝撃を受けたりもした。

言葉が分からないと列車に乗るのも難儀する。駅には英語の案内は一切ない。文字が読めないので行き先はおろか、列車の進行方向すらわからない。切符を買うのも一苦労だ。窓口では会話にならないし、中国のように漢字で筆談するわけにもいかない。

途方に暮れていると、ホテルの英語が喋れるスタッフが通訳を買って出てくれた。困っていると誰かが助けてくれるのもロシアの旅のお約束といえるだろうか。現地の人々はおしなべて親切で、意外なほど世話を焼いてくれる。

忘れられないのが、寝台付きの長距離列車で同じコンパートメントになった初老の男性だ。お互い言葉がまったく通じない間柄だったが、ジェスチャーを交えながら必死に話そうとしてくれた。ケーキを奢ってくれたり、着いた後もタクシーを捕まえてきてくれ、しかもその料金まで払ってくれたりして恐縮してしまった。

一方で、まったく予想通りというか、意外ではなかったこともある。それは、ロシア人が酒飲みだということだ。街中にビールやウォッカの空き瓶が転がっていた。酩酊しているのか、手すりに顔を埋めている人がいてギョッさせられたこともある。電車内でお酒をラッパ飲みしている客も何度も目にした。

寝台列車では、酔っ払いに絡まれたりもした。屈強そうな大男3人組に囲まれ、腕を摑まれたのだ。強盗みたいにお金を巻き上げようとかそういうのではなく、単なる酔っ払いである。恐ろしい体験なのだが、このときも同室の男性が助けてくれ事なきを得たのだった。帰りが遅いので心配して様子を見に来てくれたという。

海外で酔っ払いに絡まれたのは初めてだが、暴漢から救出された経験もある意味貴重といえるかもしれない。治安の悪い地域では、目の前で襲われている人がいても見て見ぬ振りをするようなケースも普通だったりするし。

ロシアの旅がおもしろかったのは、予期せぬことの連続だったからだろう。世界でいちばん意外な国、それがロシアなのだ。

カメラを向けるとニッコリ微笑んでくれる。軍人さんも一緒にポーズを決めてくれたりと妙にノリがいい。人々がみなフレンドリーなのだ。

モスクワの赤の広場に立つ聖ワシリイ大聖堂。
ランドマークとなる建築物がほかの国々とは一味違った雰囲気で興味を惹かれた。

町中の書店はお洒落で洗練されていた。電車内でもスマホより読書という人をよく目にしたし、読書家が多いのかもしれない。

テーマ 10

世界でいちばんメルヘンな国
ポーランド

同じヨーロッパでも、前日まで滞在していたローマとは趣が全然違うなあと感じた。ポーランドの首都ワルシャワに到着したときのことだ。2度目の世界一周の途中だった。国から国へと移動し続ける旅をしていると、その旅でそこまでに訪れた町と比較の目で見てしまう。

ローマではくねくねと入り組んだ路地に、ゴツゴツと角張った建物が密集するように立ち並んでいた。欧州屈指の大都会だからか、どこかギラついた雰囲気さえ漂っていた。

一方でワルシャワは、やさしげな印象を受けた。道幅が広く、人が少ない。空間的余裕があるにもかかわらず、建物の多くが四階建てなど高層なつくりで上に伸びているのも特徴的だ。

メルヘンだなあ——それが街の第一印象だった。結果的に、それはポーランドという国そのものに対する感想に変わることになる。

建物の外壁がパステル調で、複数の四角い窓が並ぶ様がお菓子の家みたいで可愛らしい。傾斜のある屋根に出窓が付いているのもメルヘン度をアップさせる要因だろうか。大道芸人が奏でる手巻き式オルゴールのメロディをBGMに、石畳の道を馬車が走っていたりして、おとぎ話の世界に迷い込んだような気分になった。

路上には花屋が多い。マダム風の貴婦人が百合の花を買っている光景を目にして、いいなあと目を細めた。ホテルの前を通りかかると、ベルボーイのおじさんと目が合ってウィンクしてくれた。肩がひらひらとした制服を着ており、まるで魔法の国の住人のようだ。

ワルシャワのこのメルヘンな町並みは世界遺産に登録されている。注目すべきは、「歴史地区」として登録されているものの、オリジナルではなく、再建されたものであること。

第二次世界大戦で街は甚大な被害を受け、建造物の大半が破壊されてしまったからだ。戦後、人々の記憶を頼りに復旧工事が進んだ。ワルシャワ市民の町へ対する愛着はすさまじく、元の町並みを復元させるために、建物のヒビまであえて再現するほどの徹底ぶりだったという。街全体がメルヘンな世界観で統一されている背景には、負の歴史が横たわっているのだ。

旧市街をそぞろ歩きつつ、食事をするのに入ったレストランもまたとびきりメルヘンだった。女性のウェイトレスがいわゆる「メイド服」のようないでたちで現れた。秋葉原などで目にする萌えな雰囲気にも通ずるものがあるが、むしろこちらが本家といえるかも

歴史地区の美しい町並みは戦後復元されたもの。街が破壊されるきっかけとなったワルシャワ蜂起の記念碑からは、当時の人々の苦悩が感じられた

しれない。

美女がよく登場するのもまたポーランドの旅ならではだ。スリムで脚が長い、ほっそり系美人。自分にとっては世界でいちばんメルヘンな国であることに加え、世界一の美人国でもある。

「ちょっと憂いのある美人が多いよね。タバコが似合いそうな美人というか」

同行していた奥さんはそんな感想を述べていた。とにかく、モデルさんと見紛うほどの美女がそこらじゅうにいるのだ。

萌えな美女が働くメルヘンなレストランだが、肝心の料理そのものも日本人の口に合うものだった。たとえば名物料理のひとつ、ピエロギは見た目はほとんど餃子である。ただし中にはチーズが入っていて、餃子とはまったく違う洋風な味。また、ジューレックという酸味のあるスープも定番で、じゃがいもやソーセージが入っていて食べ応えたっぷり。

ポーランドのメルヘンぶりを語るうえで外せないのが伝統工芸品だろう。カラフルな花柄を基調としており、乙女チックなものが多い。とはいえ全体の雰囲気はシックで、これぞ東欧雑貨なセンスにあふれている。派手過ぎないので日本でも日常使いできる。

個人的にとくに気に入ったのが、ボレスワビエツという田舎町で作られた陶器だ。白地に紺色の丸いドット柄が描かれたデザインで知られ、日本でもファンが多い。

現地だと格安ということもあり、お皿やカップなど重いのを承知で大量に買って帰ったのだが、その後も再びポーランドを訪れ、今度は買い付けを目的にボレスワビエツまで足を運ぶほどハマってしまった。

ワルシャワも首都とは思えないほどのんびりした印象だったが、ボレスワビエツはさらに牧歌的である。やはり家々はパステル調で統一されている。夕暮れどきに広場を歩いていたら、すれちがう若者がみなアイスを食べていたり、ベンチではおばちゃんたちが何をするでもなく寛いでいたりして、実に平和な光景なのだ。

メルヘンな国からやってきた美しい食器類が、いまも我が家の食卓を日々彩っている。盛り付けられているのは日本のカレーライスだったりするのだが、不思議と違和感なく溶け込んでおり、それらでご飯を食べていると、ふとあのメルヘンな町並みを思い出すのだ。

メルヘンな街は被写体の宝庫だ。トラムを撮っていたら、乗客がポーズを決めてくれたりも。

あちこちに花屋がある街は、それだけで素敵度が上がる。買っている人もなんだかとても絵になる。

「世界でいちばんの美女国は？」と質問されたら、実はいつもポーランドと答えている。

お気に入りの陶器を探しに訪れたボレスワビエツ。左写真はそのとき買ったもの。物欲に火がつき爆買いしてしまった。

テーマ 11

世界でいちばん幸せな国 ブータン

国ごとに忘れられない光景がある。それは観光地よりも、人々の日常生活が垣間見えるような場所で出合うことが多い。

ヒマラヤの小国ブータンと聞いて真っ先に思い浮かぶのは、首都ティンプーの映画館で目にした光景だ。夜も結構遅い時間だったにもかかわらず、映画館はほとんど満員といっていいほど賑わっていた。そして、その場にいた観客が全員、当たり前のようにお揃いの民族服を着ていたから僕は圧倒されてしまったのだ。

驚いたのはそれだけではない。映画の中に出てくる人たちもまた、同じように民族服を着ていた。ハリウッド映画などではなく、ローカル作品なのだが、出演者も見ている人たちも民族服というのは結構衝撃的で、なんだか異世界に迷い込んだような錯覚がしたのだった。

ブータンでは民族服の着用が法律により義務づけられている。日本の着物のような民族服は、男性は「ゴ」、女性は「キラ」と呼ばれ、原則として出勤時や通学時など外を出歩く際には着なければならない。ブータンの人々は顔つきが日本人に似ていることもあり、民族服姿の人々が行き交う風景が、まるで江戸時代の日本と重なって見えた。なんとも不思議な感覚なのだ。

「これで腰に刀を差していたら、お侍さんそのものだよなあ」などと言っていたら、地域によってはいまでもナイフを腰に差している人がいるのだとガイドさんが教えてくれた。

ブータンの旅はほかの国々とは勝手が違う。自由な個人旅行は認められておらず、必ずツアーに参加しなければならない。ツアーは公定料金が定められており、時期や人数によっても変わるが1日当たり200～290米ドルと結構する。謎のベールに包まれた行きにくい国であるからこそ、訪れたときの感動も大きかった。

ブータンといえば、「世界一幸福な国」として知られる。

首都ティンプーで目にした通勤風景。仕事場から帰宅する民族服姿の男女が、スーツを着た日本のサラリーマンよりも幸せそうに見えた。

GNPよりもGNHを重視し、その値が世界一なのだという。「H」はHappinessの頭文字で、GNHとは「国民総幸福量」を表す。

実際旅してみると、確かに無邪気で笑顔が似合う人が多い。カメラを向けたらみんなニッコリしてくれるし、意外と英語も通じるからこちらの質問などに気さくに応じてくれる。

聞くと、子どもたちの学費や医療費は全額無料なのだという。重い病気の場合は、飛行機で隣国インドの病院へ患者を運ぶのだが、その費用は政府が出してくれる。本人だけでなく、付き添う家族の分もというから感心させられる。

北欧なども福祉国家として有名だが、一方で税金が高額だったりする。その点、ブータンは方向性が違う。なんと年間の所得が300ドル以下なら無税なのだという。ほとんどの国民は、300ドルに満たないため実質無税である。高福祉でありながら低負担なのは羨ましい。

とはいえ、ほかの国々にはない独自の決まり事などもある。

たとえば、タバコは厳禁だ。公共の場所で吸うのがダメというのではなく、喫煙そのものが法律違反で、見つかると逮捕される。ブータンは世界初の禁煙国家なのだ。

ただし、お酒に対しては比較的ゆるい。滞在中はバーなどで飲んだが、ビールは国産の銘柄のものがちゃんとあって安くて美味しかった。

意外だったのはブータンの食事だ。一言でいえば辛い。それも韓国料理やタイ料理などと比べても、さらに先をゆくレベルの辛さでビックリさせられた。なにせ唐辛子を野菜として食べたりするのだ。主食は米だが、ご飯は白米ではなく赤米だったりしてユニーク。

ブータンのツアーでは旅程がガチガチに決められており、フリータイムがほとんどなかったが、就寝前のわずかな時間だけガイドの目を盗んでホテルを抜け出すチャンスがあった。冒頭の映画館のエピソードはそのときの一コマで、さらには夜の盛り場のようなところへも訪れたのだが、そこで目にした光景もまた非日常感にあふれるものだった。いわゆるスナックのような店で、若い男女がお酒を飲みながらカラオケを歌っていたのだが、彼らもやはり当然のように民族服であった。

時代劇の登場人物がカラオケをしていると思うと摩訶不思議である。幸せの尺度は人それぞれだろうが、少なくとも、ブータンの人たちは我々とは生きる世界が違う。そのことを強く実感させられたのだった。

写真を撮っていると、子どもたちが駆け集まってきた。無邪気な笑顔に癒される。自然に囲まれながら伸び伸び育つ。素敵な環境だなあと羨ましくなった。

市場へ行くと唐辛子がたんまり売られていた。ブータン料理はめちゃくちゃ辛いのだ。定番メニューは「エマ・ダツィ」。唐辛子をチーズと一緒に煮込んだもので、どこの店でも必ず出てきた。いわばブータンの国民食。

ブータン旅行はツアーへの参加が必須で周辺アジア諸国と比べて割高だが、公定料金には宿泊費や食費などがすべて込み。現地で必要なのはビール代ぐらいだ。

各街には「ゾン」と呼ばれる城があり、寺院としての役割を持つ。ブータンは仏教国で、チベット仏教の影響を色濃く受けている。

テーマ 12

世界でいちばん寒い国
フィンランド

最初に断っておくと、自分は冬にしか訪れたことがない。北欧の国々は夏と冬で別世界なので、「いやいや夏に行くと全然違うんだよ」という突っ込みもあるかもしれないが、夏には行ったことがないのでご容赦願いたい。

寒かった——フィンランドに関して一言でまとめるならこれに尽きる。我ながらなんとも拙い感想ではあるが、気温の低さを比較するなら、これまで旅した国々の中でダントツ1位だ。これを書いているのは1月下旬だが、試しに今日の同国の気温を検索してみるとマイナス25度と画面に表示されて思わず二度見した。

ちなみにフィンランドのどこの都市を検索したかというとサーリセルカである。実際に自分が訪れたのがこの街なのだ。同国北部の山岳地帯にあって、スキーなどのウィンタースポーツが楽しめるリゾート地として栄えている。首都ヘルシンキから国内線の飛行機で到着したら、滑走路さえも雪で真っ白だったのが印象的だ。

寒いのは大の苦手だから普段は南国ばかりを好んで旅している人間が、ウッカリそんな北国へ行ったのには理由がある。オーロラが見たかったのだ。

サーリセルカはオーロラ観光の拠点としても知られる。どうせ寒いのなら、中途半端な寒さよりも極限まで寒いところを体験したみたいという、やけっぱちな考えもあった。

防寒着はフル装備だった。上下共にタイツを着用した上で、モコモコなズボンを履き、セーターを重ね着して厚手のダウンジャケット。そのうえでマフラーに、手袋に、耳まで隠れるニット帽といった具合。まるで雪だるまになったかのように着ぶくれしたものの、それでも寒くて長時間は外にはいられなかったほどだ。

ブルブル震えながら屋内に退避した後、直行するのはサウナである。フィンランドはサウナ発祥の地で、ホテルには必ずサウナが備え付けられている。凍えた体をあたためてくれる空間が天国のように思えたものだ。

サウナに関しては忘れられないエピソードもある。入る際に迷ったのだ。

果たして、裸でいいのか。

日本では温浴施設などでは裸が当たり前だが、海外でスパなどへ行くと水着着用ということのほうが多い。悩んだすえ、念のため水着を着て入ったら、先客はみな全裸だったから逆に恥ずかしくなったというのが話のオチだ。

寒さに加えて衝撃的だったのは、夜の長さ。昼の短さと言ってもいい。朝起きても窓の外は真っ暗で、そんな中で朝ごはんを食べるのは不思議な体験だった。午前10時ぐらいにようやく少し明るくなってきたと思ったら、午後3時ぐらいにはもう闇夜に包まれている。サーリセルカのある同国北部はラップランド地方と呼ばれ、いわゆる北極圏に位置する。冬はほぼずっと夜という生活を送っていると、時間感覚がおかしくなりそうだった。

せっかく来たのだからと、わずかに明るい時間を利用して、普段は縁のない雪国ならではのアクティビティにも挑戦した。とくに楽しかったのはクロスカントリースキーや犬ぞりだ。トナカイと記念撮影をしたり、サンタクロースの村を訪れたりもした。見渡す限りの白銀の世界というのもまた新鮮で、寒いのは辛いけれど結果的には大きな満足感を得られたのである。

当初の目的であったオーロラについてだが、結論からいえば見ることができた。ただし、割と規模が小さく、正直そこまで感動はなかった。写真などで見るオーロラは、これぞ光のカーテンといった感じの幻想的なものだが、ああいうダイナミックな景色はそう簡単には見られないのだということを来てみて理解した。

そもそも、オーロラというのは毎晩見られるようなものでもなく、小さいながらもいちおうは目にできたのはラッキーといえた。

現地ではオーロラ観光ツアーに参加したのだが、これがいま思い出しても苦行のような体験だった。ツアーでは大型バスに乗って、その日の気象状況を参考にオーロラが見られそうな場所へと行ったり来たりする。といっても、あくまでも確率が高いというだけで、行ってみたけど何も見られなかったというパターンも多い。

オーロラが現れるまではとくにすることもなく、本当にただ走り回るだけのツアーである。バスの車内には重苦しい空気が漂っていた。ツアー料金は80ユーロと決して安くないのだが、成果がゼロでも返金はされない。

初日は結局、見られず終いだった。トホホである。ツアーを解散する際に、記念にとポストカードをもらったのだが、これがくじ引きの残念賞みたいで惨めな気持ちになった。

「今日も80ユーロが無駄になるかな……」

なかばあきらめの気持ちで臨んだ2日目、かろうじて小さなオーロラを見ることができ、

「ああよかった、明日はバスに乗らずに済む」

と、心底ホッとしたのだった。

サンタクロースに会いに「サンタ村」を訪問。列に並んで順番にサンタさんに面会するのだが、お会いしたサンタさんが日本語がペラペラで驚いた。

スキー板をはいて雪山を歩くクロスカントリースキーに挑戦した。滑れなくても楽しめるのがいい。

楽しかったのが犬ぞり。爽快感に包まれながら雪原を爆走する。北国ならではの旅の楽しみ方と言っていいだろう。意外とスピードが出るので、結構スリリングなのだ。

ガラス食器で知られる「イッタラ」や、鮮やかな色使いが特徴のファッションブランド「マリメッコ」などは日本でも人気。北欧だけに物価は高いが、お土産に色々と買ってしまった。

フィンランドといえばお馴染みなのが「ムーミン」。本場ならではのキャラクターグッズにも注目だ。

ニシンの酢漬けとじゃがいも。あたたかい料理というだけでうれしかったり。

テーマ 13

世界でいちばん猫好きな国 トルコ

猫があちこちにゴロニャンと寝ころんでいるような国はいい国である。いささか乱暴な論理ではあるものの、そう確信している。

猫という生き物は快適な場所を探すのが得意だ。暑いときには涼しい日陰に、寝るときにはふかふかのやわらかいソファの上へといつの間にか移動していたりする。ストレスのある土地には居つかない。つまり、猫が居心地の良し悪しを測るうえでのバロメータになるのだ。

これまで旅した中で、猫を目にする機会がとくに多かったのはトルコである。中東諸国は割とよく猫が登場するが、中でもトルコは可愛げのある猫ばかりだと感じた。擦れていないというか、人懐っこいというか。目が合うとツツと寄ってきて、こちらの足にスリッ、スリッとしてくる。相手をしてあげると、どこまでも付いて来たりして、可愛さのあまりそのまま持って帰りたくなるほどだ。

絵になる猫が多いことも特徴といえるだろうか。

たとえばイスタンブールの歴史地区を観光していたときのこと。オスマン帝国時代に建てられ、世界一美しいモスクとも称されるブルーモスクを見学していたら、どこからとも

撮ってくれと言わんばかりの絶妙な背景！サフランボルにて。

なく猫が現れた。精巧なモザイクタイルの壁をバックに、猫が伸びをする様はなんだ映画を観ているようで、何百年も前から変わらないであろうそんな光景に心密かに感動したのだった。

イスタンブールではブラブラ散歩しているだけで、頻繁に猫に出くわす。路上の靴磨きの椅子にちゃっかり座り込んでいたり、カップルがいちゃついているベンチの下で舟を漕いでいたり。路面電車が走っている道を我が物顔で横切っていく大胆な猫も目にした。

イスタンブールのような都会でさえそうなのだから、田舎へ行くとさらに猫天国になる。とりわけ印象深いのがサフランボルだ。首都アンカラから北上した山間部にある小さな街で、可愛らしい木造の古民家が続く町並みが世界遺産にも登録されている。

おとぎ話に出てきそうなメルヘンな雰囲気の中、サフランボルではこれまた至る所に猫が出現する。どの猫も途轍もなくフレンドリーで、なんだかこちらに喋りかけてきそうなほどだった。「シルバニアファミリー」という有名な女児向けのおもちゃがあるが、あえて喩えるならばあんな感じの世界観である。

猫が多いということは、それだけ人々から愛情を注がれていることも意味する。トルコの人たちの猫への接し方を見ていると、そのことを実感する。なんというか、ずいぶんと甘やかしているなあという印象を受けるのだ。

たとえば、トルコではお馴染みのケバブのお店で食事をしていたときのこと。ケバブといっても厳密には色々と種類があるが、日本でもたまに見かけるあのケバブだ。くるくる回る巨大な肉塊を、大きなナイフでそぎ落として、パンなどに挟んで食べるタイプのケバブ。正式名称は「ドネルケバブ」という。

トルコではこのドネルケバブの店が街のあちこちにあって、散歩中の休憩がてらよく立ち寄っていた。スタンドのような簡素な店も多く、そういうところでは通りに出したテーブルで食べたりするのだが、気がついたら、席の周りを何匹もの猫に取り囲まれていたことがあった。

足下からこちらを見上げ、にゃあと鳴かれると困ってしまう。手に持っているそのケバブをちょうだい、という催促である。

可愛いから少しあげようかな、でも勝手に餌付けしてもいいのかしら……と逡巡していると、店の主人がお皿を持ってきて猫のそばに置いた。お皿の中にはケバブの肉片が入っているのを見て、なるほど、そりゃあ人懐っこくもなるよなあと僕は納得したのだった。

ケバブなんていかにも猫が喜びそうなご飯だが、考えたらトルコには猫好みの食べ物も多い。アジアとヨーロッパを隔てるボスポラス海峡を臨むガラタ橋の袂で味わえる、「サバサンド」などは好例といえるだろうか。

イスタンブールに来たらこれを食べないと始まらないというレベルのご当地グルメである。サバというのは魚の鯖のことで、焼いた鯖をパンに挟んで食べる。お好みでレモン汁をたっぷりかけると、さらに絶品になる。僕も大好物だ。

ガラタ橋の周辺には釣りをしている人もたくさんいて、猫が分け前をねだるには最高のロケーションとなっている。

「油断も隙もないなあ……」

とあきれながらも、その可愛さに負けてついあげてしまう——猫好きな旅人としては、そんなトルコ人の気持ちに共感できるのだ。

アジアとヨーロッパを結ぶイスタンブール。ただでさえ旅情にあふれるこの街に、猫がさらに華を添える。人々の猫への愛情の注ぎっぷりにも目をみはる。サバサンドもまた食べたいなあ。

トルコ料理は世界三大料理のひとつで、何を食べても外れなし。とくにケバブは猫も大好物？

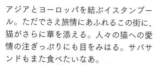

世界遺産の歴史ある町並みに猫が溶け込んでいた。飼い主に代わってしっかり店番する猫も見かけた。トルコは世界一の猫天国なのだ。

テーマ 14

世界でいちばん甘い国
フランス

これまで旅先で食べたもので一番美味しかったものは？　などと聞かれると、候補が色々ありすぎて答えに困るが、スイーツに限定するならパッと思い浮かぶものがある。

パリで食べたモンブランだ。

かの有名なルーヴル美術館から歩いてすぐのところにそのお店はあった。名前は「アンジェリーナ」。１００年以上もの歴史を誇る老舗のサロン・ド・テ。つまりはケーキや軽食が楽しめる喫茶店のようなところで、場所柄世界各国からの観光客でいつもごった返していた。内装も大変豪華で、まるで宮殿の中でお茶をしているかのような優雅な気持ちに浸れる。このお店の名物がモンブランだった。

日本でもケーキ屋さんに行くと、モンブランは定番ともいえる存在だが、本家のそれは見た目からしていささか異なっていた。

まず、色が黄色ではなく、茶色をしている。本来の栗に近い色といっていいだろうか。マロンクリームがぐるぐると螺旋状になっているあの特徴的なシルエットは健在だが、ぐるぐるの向きは不規則で、日本のものとは微妙に違う。

フランスは欧州でも個人的に最も訪問回数の多い国だが、そのときは初めてのパリで、

アンジェリーナのモンブラン。一生忘れられない味、と称賛しても大げさではないほど。

たまたまお店の近くに宿を取っていた。

「有名店だし、記念に食べてみようか」

そんな軽いノリでお店に立ち寄ったのだが、噂のモンブランを食べてみて、虜になった。日本のモンブランとは一線を画する濃厚な味。ほっぺたが落ちるとはこのことだと思った。

感激のあまり、翌日も再び同じお店を訪問したのだが、あいにくモンブランは売り切れでガックリ項垂れたのをいまでも覚えている。

ちなみにこの話には後日談がある。帰国後に知ったのだが、アンジェリーナはなんと日本にも進出していたのだ。しかも自宅から自転車で10分ぐらいで行ける距離に支店が存在し、普通にモンブランが売られていた。あれまあと拍子抜けしたのだ（その支店はやがて閉店になったが）。

肝心の味についてだが、これが一言でいえば甘い。とにかくもうやたらめったら甘い。けれど、ただ単に砂糖がたっぷりというのではなく、上品で整った甘さだと感じた。口溶けが良く、そのお陰で後を引かないというのもある。

日本は甘さ控えめが主流なせいか、海外でスイーツを食べるとその甘さにたじろぐ場面も珍しくはない。世界の人たちは、みんな甘党なのだなあと感心させられる。中でも、究極の甘党といえそうなのがフランスである。

モンブラン以外にも、たとえば有名なところだとクリームブリュレなどは分かりやすい例だろうか。レストランでコース料理を頼むと、デザートに出てくることも多い。あれもまた激烈に甘い。もっとも、食事のシメとしては、中途半端な甘さだと、個性豊かなメイン料理に存在感で負けてしまうから、力強い甘みが求められるのだろうと自分なりに解釈したりもした。

世界一ともいえる甘党ぶりを発揮するのはスイーツに限った話ではない。フランス人はものの考え方が良くも悪くも甘いなあと、常々感じていた。「ゆるい」と言い換えてもいいが、ここはやはり「甘い」と表現するのが気分だ。

以前にニースのカーニバルを観に行ったときのこと。南仏の冬を彩る風物詩で、わざわざそれを目当てに日本から訪れたのだが、なんと雨に降られて中止になってしまった。ものすごくショックな出来事だったが、一方で現地にいるときはもどかしい思いもしていた。

実は、そんなに大雨が降っているというわけでもなかったのだ。散発的に降ってはやんでを繰り返していた。ザーザー降りではない。少なくとも日本であれば決行しただろうなあというレベルの天候だったから、中止になったと聞いたときは心底驚いてしまった。

また、オランダのアムステルダムから、ベルギーを経由してパリへ向かう国際列車に乗ろうとしたときのこと。駅で切符を買おうとしたら、運休になっていると言われた。オランダとベルギーに関しては何の問題もない一方で、その先のフランス領内の列車が停まっているのだという。理由を聞いたら、またしても悪天候と言われ腑に落ちるものがあった。

これは昔話になるが、自分が通っていた高校では第二外国語が必須科目だった。どの言語にするかは選択可能で、自分はフランス語を履修していたのだが、印象的なのは高校1

高速鉄道TGVなどに乗って列車旅も楽しい。遅延や運休には要注意だが。

年生の1学期にまず習ったのが「遅刻します」「遅れます」というフレーズだったことだ。
英語なら「ディス・イズ・ア・ペン」を習うぐらいの初歩のタイミングで教科書にそれが出てくる。いまにして振り返れば、実にフランスらしいなあと納得できるものがある。遅刻なんて日常茶飯事という文化もまた羨ましいのだ。

エッフェル塔を眺め、創意工夫にあふれた絶品ディナーを本場のワインと共に味わう。大国だけに見どころは尽きない。

偶然にも「ツール・ド・フランス」に出くわしたりもした。

マルシェ＝市場をブラブラしていると、あま〜い匂いが漂ってきた。覗いてみるとクレープを売る屋台で、お腹が鳴った。フランスはスイーツ好きには天国のようなところだ。

パリもいいが、おすすめは南仏。地中海の青さに驚き、陽気な気候と人々に元気をもらう。

テーマ 15

世界でいちばんかっこいい国
イギリス

我が家の4歳の娘が最近、「ペッパピッグ」というアニメにハマっている。ピッグという名の通り、豚のキャラクターが登場する幼児向け作品だ。YouTubeに公式チャンネルがあって、日本語の吹き替え版で観ているが、元々はイギリスのアニメだという。

色使いが派手過ぎず、笑いの要素も下品な感じはなく、いかにも英国らしい洒落た作風で、大人が観ても楽しめる。一緒に観ているうちにすっかりイギリス気分が盛り上がったので、今回は同国を取り上げることにした次第である。

イギリスらしい風景といえば、真っ先に思い出すのはバッキンガム宮殿だ。英国王室の公邸であり、エリザベス女王の住まいとして有名だが、一方でロンドン屈指の観光地としても知られる。東京でいえば皇居のような存在だろう。

観光客のお目当ては、宮殿前で行われる衛兵交代式だ。真紅の制服に身を包み、マッチ棒の先のような帽子を被った近衛兵による一糸乱れぬ行進を一目見ようと、沿道には人だかりができる。筆者が訪れたのは2月の寒い季節で、あいにく衣装が赤ではなく冬服のグレーだったが、それでもやはり絵になる光景であった。

かっこいい——ひと言でいえば、そんな印象を受けたのだが、それは同時にイギリスそのものに対する自分の感想にもなった。

交代式で目を引いたのは、主役である衛兵たちだけではない。大勢の人々が集まる場所だけに、会場付近を警察官が巡回しているのだが、徒歩ではなく馬に乗っていたりして、これがまた風格があってかっこいいのだ。しかも、よく見るとそれが美しい女性だったりするから、思わずカメラを向けてしまったほど。

警察官というと毅然としたイメージもあり、無闇矢鱈と写真に撮っていいものか躊躇するところだが、イギリスではあまり気にしなくて良さそうである。みんな妙にフレンドリーで、気さくに応じてくれるからだ。道端ではにわか撮影会のようになっており、ピースサインをしながら観光客と笑顔で写真に収まっている警察官も目にした。ただかっこいいだけでなく、紳士的なのもまた国民性といえそうだ。

かっこいいのは街並みも同様である。クラシカルな建物が立ち並びつつも、ところどころにモダンなデザインが見られる。これはほかのヨーロッパの街とは一味違う、ロンドンならではの魅力だと思う。新旧入り交じりながらも、変に雑多にはならず、上手く調和している。

バッキンガム宮殿の衛兵交代式はロンドン観光の目玉。衛兵をあしらったお土産物が売られているほど。左下写真は缶ケース入りのお菓子で、中身はショートブレッド。イギリスの代表的な銘菓として知られる。

たとえば、テムズ川沿いをぶらぶら散歩するだけでもそのことを実感させられる。まるでお城のようなタワーブリッジ、壮麗なゴシック建築が特徴的なウェストミンスター宮殿など歴史ある名所が立ち並ぶ一方で、ロンドン・アイという観覧車が強い存在感を放っている。

はたまた、最大の繁華街ピカデリーサーカスなどもおもしろい。若者たちが行き交う、日本でいえば渋谷のようなところだ。巨大なネオンサインが輝いていたりして、ヨーロッパらしからぬ風景なのだが、かといってアジア的な猥雑さとも無縁で、不思議と整った印象も受ける。

噴水の広場があって、待ち合わせスポットになっているのだが、座っている子たちのファッションもストリート系雑誌から飛び出してきたかのような装いで目を奪われた。無理して着飾っている感じではなく、自然と着こなしている。あえて都会っぽいと形容してもいい。

若い子ばかりでなく、スーツ姿のビジネスマンなどもやたらとかっこ良く見える。地下鉄駅などで朝の通勤ラッシュに出くわしたときのこと。人々が駅の改札を出入りする光景が、まるで映画を観ているかのようにドラマチックに感じられた。背筋を伸ばし、颯爽と歩き去っていく。疲れた顔をしたオジサンは見かけない。同じ通勤風景でも、東京とここまで違うものなのかと愕然としたのを覚えている。

冒頭で紹介したペッパピッグというアニメは、両親と子ども2人のブタの一家4人が主な登場人物である。イギリスの国民的アニメであり、日本の「アンパンマン」のような作品と言う人がいるが、内容はホームコメディであり、どちらかといえば「サザエさん」に近い。

だいたいいつも話のオチを担うのがダディピッグ、つまりお父さんだ。普段はおっちょこちょいでとぼけた雰囲気ながらも、パーティにお呼ばれして出かけるときなどはしっかりとフォーマルな格好をしている。これぞ英国紳士のたしなみという感じでかっこよく、同じくお父さんをやっている者としては、負けてはいられないなぁと感化されたりもするのだった。

ピカデリーサーカスは最大の繁華街。チャイナタウンも近くにある。

ノッティングヒルで開かれるカーニバルはロンドンの夏の風物詩。カリブ出身者が魅せる最高にかっこいいお祭りだ。

通勤客で賑わう駅の改札という日常的な光景でさえ、かっこいいと感じた。露店の花屋や、ホテルのボーイさんなど、何気ない風景が妙にイケていて、ハッとさせられた。

テーマ
16

世界でいちばん
カラフルな国
メキシコ

ページがモノクロだから伝わりにくいかもなあと思いつつも、今回はあえてこのテーマを取り上げてみたい。

――世界でいちばんカラフルな国。

それは自分にとってどこかというと、メキシコである。街には色があふれていた。ビビッドで鮮やかな世界に心がときめいたのだ。たとえるならば、何十色も入っている豪華な色鉛筆の蓋を開けたときのようなワクワク感。

メキシコで初めて訪れた街はカンクンだった。カリブ海に面したリゾート地で、濃い青い空と、透き通ったエメラルドグリーンの海が広がっている。南国の強い陽射しの中、随所で視界に入る原色の装いが目に眩しかった。

たとえば、ライムをたっぷり搾ったビールを飲みながら、海の幸に舌鼓を打つ瞬間。テーブルにかけられたクロスがやたらと派手な花柄だったりする。主役である料理よりも、その下に敷かれたクロスのほうが存在感があるほどだが、カラフルな風景の中に身を置いているせいか、それほど不自然さはなかった。

メキシコは国土の広い国で、自然や気候は多様だ。沿岸部に美しいビーチが点在する一

サンクリストバル・デ・ラスカサスの教会は個性的だった。山吹色の外壁が強い存在感を放つ。装飾も可愛らしくメルヘンな雰囲気も。

方で、内陸部には山岳地帯が続くのだが、山の中へ分け入ってみてもまたカラフルな世界が待っている。とことん色、色、色なのだ。

印象深いのが、標高2000メートルを超える山あいの街、サンクリストバル・デ・ラスカサス。舌を噛みそうな長い名前なので、旅行者は略して「サンクリ」と呼んでいる。周囲の村々にはいまもなお少数民族が暮らしており、民族衣装姿の人々をよく目にするのだが、まるで花が咲いたかのような色鮮やかさである。

とくに女性たちの着飾り具合は相当なものだ。ブラウスはテカテカとしており、ゴージャスな刺繍が入っている。さらにはウールの分厚い腰巻きを身につけ、赤い紐で前で結んでいる。

「魚屋さんの黒い前掛けのようだね」

同行した妻がそんな感想を漏らしていた。長く伸ばした髪を三つ編みにし、そこに赤や緑の毛糸を入れ込むなど、着るもの以外も個性的で、こだわりが感じられる。

少数民族の華やかさに目を奪われる。着ているものだけでなく、髪形も気合が入っているのだ。

男性はこれまたウールの、チャンチャンコのよう服を着て、頭にはテンガロンハット。女性ほどではないものの、やはり主張の強い恰好だ。

メキシコ人は我々と同じくモンゴロイド系の黒目黒髪ながら、日本人より肌は浅黒く、顔つきも濃い目だ。そのせいか、カラフルで派手な民族衣装もよく似合うと感じた。
少数民族が暮らす村のひとつ、サンファン・チャムラ村はとくに目を奪われた。日本語で書くと語尾が「むらむら」になるし、サンクリストバル・デ・ラス・カサス郊外のサンファン・チャムラ村などと書くと、もはや何かの呪文のようだなあ……って、それはまあ余談である。

村で毎週日曜に開かれるという青空市場を見に訪問したのだが、村人のざっと7割以上、女性はほぼ全員がカラフルな民族衣装を着ていて、異世界へ迷い込んだ気分になった。

市場の脇には教会が立っている。ブルーや水色に彩られたメルヘンな外観で、これが大変絵になるのだが、中へ入り礼拝の模様を見学させてもらって度肝を抜かれた。キリスト教と土着の宗教が混合しておりユニークなのだ。

まず、教会だというのに椅子の類いが置いていない。床には細い緑の串のような松の葉っぱが敷き詰められており、その上には無数の蠟燭が立てられ、火がともされている。

お祈り方法も非常に独特だ。ぶつぶつとお経のようなものを唱えながら、手にはなぜか生玉子を持っている。それをくるくる回したのち、コーラを撒き、家族で回し飲みする。

「えっ、コーラ？」

と、正直困惑した。それはどこからどう見ても普通のコーラなのだが、まるで「神の水」であるかのごとく恭しく扱っていて衝撃だった。

メキシコには何度か訪れているが、行くたびに楽しみにしているのがご飯だ。有名なタコスのほかナチョス、トスターダス、ケサディーヤなどなど、何を食べても外れがない。

それらメキシコ料理で欠かせないのが、トウモロコシの粉を練って焼いたトルティーヤ。米好きな日本人としては馴染みがない食べ物ながら、メキシコ滞在中にはこれがすっかり主食と化す。

さらには、ソースもまたメキシコならではの特徴的な味わいだ。基本はトマト系で、想像以上に辛いチリソースのほか、ワカモーレというアボカドベースのソースも病みつきになる。見た目は前者が赤色、後者が緑色と、食事もまたカラフルなのがメキシコ流である。

日本でも食べようと思えばメキシコ料理にありつけるが、なぜかそこまで惹かれない。現地のあのカラフルな風景の中で食べるからこそ、ありがたみが大きくなるのかもしれないなあ。

メキシコらしいカラフルな風景に出合えるのがメルカド＝市場だ。色とりどりのフルーツに見惚れていると、ジュース売りのおじさんに声をかけられたり。鮮やかな世界には陽気な人たちが似合う。

海の青さも印象的だ。沿岸部には美しいビーチが点在し、島旅も楽しめる。写真はコスメル。

メキシコはお土産物のレベルも高い。民芸品専門のメルカドもあって、行くとつい散財してしまう。カワイイものが多く、たとえば少数民族の刺繍が入ったブラウスなどはとくに女性が喜びそう？

テーマ 17

世界でいちばんきれいな国
シンガポール

シンガポール・スリングというカクテルがある。その名の通り、シンガポール生まれのカクテルで、同国の名物として観光客にも人気だ。シンガポール航空に乗ると機内サービスで飲めるという話も旅好きの間でよく知られる。

その発祥とされるのは、ラッフルズ・ホテル内にあるロングバー。クラシックな雰囲気たっぷりの名門ホテル自体が非常に絵になる。

ロングバーがおもしろいのは、つまみとして落花生が無料で提供されており、客はその殻を床に捨てるのが店の流儀となっていること。

落花生を食べる瞬間を想像してみてほしい。殻を割ると、粉々になったものがテーブルの上に散乱したりする。あれを、気にせずそのままポイポイ捨てるわけだ。当然ながら、床は相当に酷い状態になる。

なぜ、そんな一風変わった習慣がまかり通っているのか。それはシンガポールのお国柄と関係している。クリーンな都市国家を標榜している同国では、ゴミのポイ捨てが御法度なのだ。それゆえに、落花生の殻を自由にポイ捨てできるというバーの店内が殊更特別な空間となる。つまり、逆転の発想である。

シンガポールといえば、きれいな国という形容がやはり最も似つかわしいだろう。確かに、街にはゴミが散らばっていたりしないし、地下鉄駅やショッピングセンターなど、どこも丁寧に清掃されているのかピカピカだ。その徹底ぶりは、世界一のきれい好き民族といわれる日本人の目から見ても感心させられるほど。

ただし、世界で一番きれいな国を実現する一方で、そのための手法が強引であることもしばしば話題となる。考え方次第では、合理的と言い換えてもいいかもしれないが。

同国について語るうえで欠かせないトピックス――それは、罰金である。

日本でもタバコの路上喫煙やポイ捨てに罰金が科されるが、シンガポールの罰金は比較にならないほど高額だ。ゴミを捨てただけで初犯なら1000シンガポールドル（8万円弱）、再犯なら2000シンガポールドル（約15万円）もの大金を納めなければならないという。

ポイ捨て以外にも「これをしてはいけない」などの細かいルールがたくさんあって、たとえ外国人観光客でも違反すると罰金となるから旅行の際には要注意だ。

たとえば電車内での飲食や、横断歩道以外の場所で道路を渡る行為、鳥への餌やりなどがＮＧである。町歩きをしていると、あちこちで禁止行為を報せる標示を目にする。土産物屋へ行くと、数あるマーライオン・グッズに混ざってそれら罰金マークをデザインしたＴシャツが売られていたりするほどで、まさに同国ならではの光景といっていいだろう。

とはいえ、クリーンであること自体は歓迎すべきだ。旅するなら、汚い国よりきれいな国の方がいいに決まっている。

シンガポールは、ほかの東南アジアの国々同様、屋台飯が充実している。海南チキンライスや、ホッケンミー（福建麵）など、絶品メニューばかりで食べ歩くのが楽しい。

屋台というと、国によっては衛生概念が欠如したようなところもあるが、この点シンガポールは安心だ。少なくとも自分の周りでは、この国を旅行してお腹を壊したという話は聞かない。

そもそも、屋台の形態からして他国とは事情が少し異なる。

複数の屋台が集まった食事処のことをシンガポールでは「ホーカーズ」と呼ぶ。いわゆるフードコートとも似ているが、もっとローカルな感じ。元々は路上で営業していた屋台を、国が管理する形で１ヵ所に集めたのがその始まりだという。これまたいかにもシンガポールらしいエピソードだ。

クリーンに加えてグリーンであることもシンガポールの特徴である。ハイテクなビルが立ち並ぶ未来都市といった風景ながらも、街は驚くほど緑豊かで、自然と共生している。

シンガポール最大の植物園「ボタニック・ガーデン」が世界遺産に登録されたことも、同国のグリーンに対する力の入れ具合を象徴する出来事といえそうだ。何度か訪れているが、園内がめちゃくちゃきれいに手入れされていていつも目をみはる。蚊がいないのも素晴らしい。

まさに、クリーン&グリーン——。

あるとき、昼下がりの気だるい時間に、ボタニック・ガーデンの木陰でゴロンと寝ころんでみたことがある。無防備な姿をさらす形になるものの、この国では治安の心配もいらない。あまりに気持ちよくてそのままうたた寝に突入してしまったのだが、それは至福の体験で、生涯忘れられないだろう幸せな眠りとなった。

衛生状態がいいからフレッシュジュースも気兼ねなく飲める。

オフィス街にあるホーカーズ「ラオパサ」はとくにきれいでオススメ。料理はアジアにしては辛さ控え目かも。

ボタニックガーデン（右下）に加えて大人気なのがガーデンズバイザベイ（左下）。巨大な人工植物が立ち並ぶ絶景は一見の価値がある。ショッピングセンターの前にも芝生が張られ、寝ころんで寛ぐ人々の姿も（上）。

見どころが少ないという声も聞くが、中華街やリトルインディア、アラブストリートなど多民族国家ならではの多様な文化に触れられるのは大きな魅力だ。一日で世界一周したような気分にもなれるほど。

テーマ 18

世界でいちばん買った国 モロッコ

旅に出ると、突如として物欲が旺盛になる。現地で売られている土産物などがやたらと魅力的に見えてきて、せっかく来たのだし……と、自分に言い聞かせるようにして、つい色々と買ってしまう。非日常に身を置くことで、気が大きくなっているというのもあるのだろう。

冷静さを欠いているから、普段なら見向きもしないようなジャンルにも手を出してしまう。例を出すなら楽器とか、絵とか。日本に帰ってきたら、「なんでこんなの買ったんだろう」と後悔するまでがお決まりのパターンだ。

もちろん、買う量に関しては行き先によっても差がある。これはもう単純に好みの問題だが、物欲がとくに刺激される国というのはあって、それは自分の場合どこかというとモロッコだった。買って、買って、買いまくったのだ。

改めて家の中を見回すと、モロッコで入手したブツが存在感を示している。大物が多いなぁという印象だ。「大物」とは字のごとくで、サイズが大きいという意味の大物である。

たとえば、タジン鍋。円形の平べったい器に、とんがり帽子のような形をした蓋が付いているユニークな鍋は、日本でも少し前にブームになった。モロッコでレストランへ入る

割れないよう気を遣いつつ、写真のタジン鍋を買って帰った。

と、料理がこのタジン鍋に入って出てくる。内部に水蒸気がたまる仕組みで、蒸し焼きなどに最適だ。

砂漠が近く、乾燥した気候の同地ならではのアイデアが光る一品なのだが、毎日のようにこの鍋でご飯を食べていると、やがて鍋そのものが欲しくなってくる。

「でも、持って帰るの大変だしなぁ……」

躊躇しつつも、物欲には抗えず、結局タジン鍋を買ってしまったのである。しかも、2つも。

鍋といっても、やきものだ。衝撃が加わったら簡単に割れてしまいそうだから、飛行機で日本まで運搬するだけで勇気がいる。モロッコからは直行便がなく、乗り継ぎが必要なのも気が重い。ずっしりと重く、とんがり帽子のような形状のせいで実際のサイズ以上にかさばるという実感だ。我ながら、無茶したなぁと反省もしている。

モロッコの中でも、とくに買いまくった街がマラケシュだった。外壁が赤茶色に統一された旧市街や、昔ながらの交易の風景が残るスーク（市場）などで知られる、世界遺産の街だ。

ロバが行き交う路地を、上下が繋がった魔法使いのローブのような服を着たおじいさんが通り過ぎたり。ニット帽を浅くかぶって先端を尖らせた、まるでドワーフのような風貌をした男たちと目が合ったり。まるで映画の世界に迷い込んだような驚きが得られる街だ。同国屈指の観光地だけに、マラケシュはそこらじゅう土産物屋だらけで、ぶらぶらしているうちに気が付いたら買い物をしていた、なんて事態に陥りがちである。

買ったものをひとつ紹介すると、バブーシュという履物。かかとをつぶして、スリッパ感覚で使うのだが、履き心地が良くてお気に入りだ。これまた最近は日本でも売られているのをたまに目にするようになった。

タジン鍋もバブーシュもそうだが、モロッコで買ったものは、割と実用的なものが多いのが傾向といえる。そういえば、ほかにも植木鉢なんて大物も買ったのだ。

とにかく散財したのがマラケシュだ。だって欲しいものだらけなんだもの。夜になると巨大なフナ広場が屋台で埋め尽くされる。この街で飲んだオレンジジュースの美味しさも世界一かも。

マラケシュでは花や観葉植物、サボテンなどを売る園芸市場が大変おもしろかった。見ているうちに物欲が湧いてきたが、さすがに植物となると買って日本へ持ち帰るわけにもいかない。ならば、せめて植木鉢だけでもと買ってしまったのだ。これまた2つも。

タジン鍋に加えて、さらに割れ物である。自分でもなんだかなあと思うが、日本ではまず目にしないエキゾチックなデザインの植木鉢で心奪われたのだ。後先考えず、やぶれかぶれでエエイッと勢いよく買ってしまった。

世界に名だたる観光国だけに、売っている人たちも百戦錬磨だ。気を付けないとどんどん色々買わされるし、ボッタクリに遭ったという声もしばしば耳にする。まあ、モロッコ人は商売熱心なのだと好意的に解釈しているが。

サハラ砂漠に行ったときのことだ。早朝、まだ暗い中をラクダに揺られながら砂丘のてっぺんまで上り、日の出の瞬間を見学した。地平線から差し込む眩しい光に目を細めていると、ラクダ引きの男が砂の上に風呂敷を広げた。何か買わないかという。土産物の即売会である。

「商魂たくましいなあ」

子どもの頃から憧れの場所だった。サハラ砂漠をこの目にしたかったというのが旅の動機だ。実際に行ってみると、想像した以上の絶景に感動する一方で、そこで商いをするモロッコ人の逞しさに圧倒されたりもした。

いささか呆れながらも、絶景を前にして気が動転しているから、ここでもまんまと買わされてしまった。このとき買ったアンモナイト入りの化石が我が家の花壇に置いてあって、それを見るたびにサハラの朝陽を思い出すのだ。

モロッコでの食事はタジン鍋が基本。とんがり形の蓋を開ける瞬間、どんな料理が出てくるのかなぁとワクワクする。

そこへ行って買うからこそ得られる快感。買わない（買えない）ものも、せめて写真だけでも撮っておくのだ。

テーマ 19

世界でいちばん自転車な国
オランダ

テーマ5で世界一のバイク大国としてベトナムを取り上げたが、あれと似た感じで今回は自転車である。世界でいちばん自転車が存在感を示していた国——それはオランダだ。

一説によると、同国では人口よりも自転車の台数の方が多いという。一人当たりの自転車保有率が世界一というデータもある。現地に身を置くと、そのことを実感させられる。右を見ても、左を見ても自転車、自転車、自転車なのだ。オランダといえばチューリップ？　風車？　いやいや自転車だよ、と言いたいのである。

個人的に自転車にはほぼ毎日乗っているが、日本の道路はお世辞にも走りやすいと言えない。段差や障害物だらけだし、車道と歩道の区別も曖昧だ。近年は車道の端に自転車ナビマークが描かれるようになったが、元々が自転車向けに作られた道路ではないから、マークに沿って走行しても邪魔者扱いされたりもする。

その点、オランダは進んでいると感じた。自転車専用道路が町中に設置されており、快適に走行できる。それも車道並みに道幅が広かったりして、うらやましい限りなのだ。自転車が市民権を得ており、人々のメインの移動手段として暮らしに根付いていることがうかがえる。

なぜオランダでこれほどまでに自転車が普及したのか。よく聞くのは、土地が平らだから、というもの。確かに、それはひとつの理由だろう。アムステルダムの道はアップダウンが少なく、いかにも自転車が走りやすそうだ。

地図で見ると一目瞭然だが、アムステルダムの地形は特徴的である。中央駅を基点に、半円形で放射状に広がるようにして運河が張り巡らされている。ちょうどバームクーヘンを半分に切ったような感じ。運河に沿って進んでいくと、ぐるっと一回りできる構造はわかりやすく、これもまた自転車向きといえるかもしれない。

運河沿いには、背の高い建物が隣どうしくっつくようにして立ち並んでいる。橋が架けられていたり、小舟が往来していたりもする。散策する際にはひとつの運河に沿ってずっと進むよりも、途中で隣の運河に移動してみると、景観が違ったものになったりしてなかなか楽しい。

まるで絵画のような麗しい風景のオンパレードで、何度もカメラのシャッターを押した。美しさのあまりファインダー越しについウットリしてしまうのだが——油断は禁物である。気を取られているうちに轢かれそうになる、ということが何度もあった。そう、自転車に。

自転車はエコでクリーンな乗り物として、なんとなく先進的なイメージがあるが、あくまでも乗る人次第だ。いかにインフラが整っていようが、きちんとマナーを守って乗らないと新たな交通問題が生まれるきっかけにもなる。

アムステルダムで街歩きしていると、自転車が四方八方からものすごいスピードで駆け抜けてくる。向こうは歩行者であるこちらを認識しており、避けていくつもりなのだが、すれ違う瞬間はヒヤリとさせられる。

フト思ったが、ある意味、ベトナムのバイク事情にも通ずるものはある。無数のバイクが洪水のように押し寄せる道を横断する際は勇気がいるのだという話はそこで書いた。

自分が見た限りでは、オランダでは信号無視も珍しいことではないようだった。歩行者用の信号機が青のときに横断歩道を渡っていたら、自転車がビュンビュン横を通りすぎていくので肝を冷やした。まあ、この国では歩行者はマイノリティなのだろうなぁ。

圧巻だったのは通勤時間帯だ。午後4時になると同時に、運河沿いの建物から一斉に人々が外に出てきて、自転車に乗り込み始めた。

「さあ、終わった終わった、さっさと帰ろう」

といった雰囲気で、ペダルをこぎながら家路につく。オランダを象徴する光景に思えた。

この国では通勤の足も当然のように自転車というわけなのだが、加えて驚いたのはその時間だ。繰り返しになるが、午後4時である。日本の感覚からすると、早退？と首を傾げたくもなる早さである。待ってましたとばかりに4時きっかりに人々が帰り始めたので、きっと残業なんてものも無縁の存在なのだろう。

ちなみに、早く帰るということは、ひょっとして来るのも早いのか。

気になったので翌朝散歩がてら街の様子を観察してみたのだが、早朝の街は見事に閑散としていた。むむむ。毎日4時に帰れるのなら会社勤めも悪くないなぁ、と羨望のまなざしを送ったのだった。

自転車の種類も色々あって興味深い。前側に子どもを乗せられる大きな台車を付けたものなど、日本にはないタイプの自転車も。

アムステルダムへは列車で訪れた。上写真は中央駅。駅舎は重厚な雰囲気だ。街はこの駅を起点に放射状に広がっている。

オランダといえばチューリップも。花屋さんでは多種多様な球根が売られていた。

これぞオランダな風景が広がるザーンセスカンス風車村。ここでも自転車が。

交通標識も自転車関連のものが多い。街が自転車向けに作られているのだ。

テーマ 20

世界でいちばんやさしい国 ネパール

目覚ましをかけずにのんびりと起床し、シャワーを浴びて屋上へ出る。そよ風が気持ち良く、顔をほころばせていると、植物に水をあげていた隣の宿の夫人と目が合った。建物がくっつき合うようにして立ち並んでおり、ほぼ同じ位置に屋上があるから、目線の高さが近い。

「ナマステー」

両手の平を合わせて挨拶をすると、夫人は顔をくしゃっとさせた。ああ、なんて慈悲にあふれた表情なのだろうか、とホッコリさせられる。この笑顔が旅人を魅了するのだ——。

世界で一番やさしい国はどこか。一番を決めるのがとくに難しいテーマだと思う。人あたりが良く、親切な人が多い国ならたくさんあるから。結局のところ、主観にはなってしまう。そう前置きしたうえであえて選出するなら、自分の場合それはネパールという回答になる。

初めて訪れたのは最初に世界一周したときだ。中国のチベット自治区からヒマラヤ山脈を越えて陸路入国した。標高4000～5000メートル級の険しい悪路を突き進んだ先に、まさか楽園が待っているとは、と驚いたのを覚えている。

その旅ではネパールの後はさらに南下してインドへ抜けたのだが、インドに入った途端に旅は一気に手強さを増した。それまでの極楽な日々からの落差が激しく、余計にネパールのやさしさが身に染みた。中国とインドというアクが強い大国に挟まれた小国だからこそ、「癒しの地」として旅人の目に映るのかもしれない。

小さな国の割には、ネパールは見どころが豊富だ。ヒンドゥー教やチベット仏教など、宗教関連の施設が点在しており、民族の多様さもあいまって、広がる風景は異国情緒にあふれる。

首都カトマンズなど、世界遺産に登録された旧市街地には赤茶色のレンガ造りの建物が立ち並ぶ。いまにも崩れ落ちそうな古めかしさがフォトジェニックで、ついカメラを向けたくなる。

写真を撮っていると、ファインダー越しに誰かと目が合うのもこの国ではよくあることだ。といっても、インドやバングラデシュのように好奇心剥き出しで接近してくるようなアグレッシブさはない。なんというか控えめなのだ。少し離れた場所から興味深そうにチラ見してくる感じ。こちらから声をかけるとニッコリとして写真に収まってくれるのだが。

ネパールというと、ヒマラヤに抱かれた山深い国というイメージも強いが、まさに山好きな人には最高の旅先といえるだろう。日帰りで楽しめる簡易なものから、山小屋を何泊も泊まり歩く本格的なものまでさまざまなコースが用意されている。なにせ、入国カードに記入する訪問目的の欄に「Trekking」があるほど。

トレッキングの拠点として外国人旅行者に人気なのが、同国第2の都市ポカラ。首都カトマンズも快適だったが、ポカラはさらに牧歌的な雰囲気で、心からリラックスできた。自転車を借りてゆるゆる走ったり、友だちの

うちにアポなしで訪ねてみたり、村の人たちがサッカーをしているのに交ぜてもらったり。あの平和で静かな日々が愛おしくてたまらないのだが、一方で、実はポカラ滞在中は大きな失敗をしでかしている。いまでも忘れられない、痛恨の大失敗。ひょっとしたら、我が旅人人生における最大のミスといえるかもしれない。

ある日のことだ。宿泊していたゲストハウスで、部屋を移動することになった。なぜ移動したのかまでは覚えていないが、とにかく荷物をまとめて引っ越したのだ。そうして、それから少し経って、宿のスタッフに声をかけられた。

「これは君のでは？」

あれ、なんだろうか……スタッフが差し出すものを見た瞬間、絶句した。それは貴重品入れだった。腰に巻くタイプの貴重品入れ。

セーフティボックスなんてない安宿ばかり泊まっていたから、貴重品は常に身につけていた。例外的に、寝るときだけは外して、それを枕の下に入れるようにしていた。部屋を移動する際に、枕の下から回収し忘れたというわけだ。

状況を理解して僕は青ざめた。いまのようにＡＴＭでお金を下ろすという習慣もなかったから、かなりの大金を持ち歩いていた。現金だけでなくカードも、さらにはパスポートまで入っていた。当時の自分にとっては、ほとんど全財産といっていいほどの大切なものだったのだ。

自分の愚かさに対する恨めしさと、無事に手元に戻ってきたことへの安堵の気持ちに加えて、返してくれた宿の人への感謝の気持ちが芽生えた。頭が上がらないとはこのことだ。

返すのが当たり前、などと考えてはいけない。それは日本人ならではの思考である。外国なのだ。自分で置き忘れたものだから、盗られたとしても文句は言えない。実際、ほかの国ならば悲劇を迎えた可能性も十分にあり得るだろう。

世界で一番やさしい国にネパールを選出したのは、このときのエピソードが自分の中で際立って印象に残っているせいもある。

建物はフォトジェニックだが、その下で談笑する人々も絵になる。

豆のスープをご飯にかけるダルバート。インドのカレーよりも辛さ控え目でやさしい味わい。モモ（餃子）も絶品だ。

テーマ 21

世界でいちばん眠かった国 スペイン

サンタ・カテリーナ市場を訪れたのは、バルセロナに着いた翌朝のことだった。まずは胃袋の観光から——我が旅のお約束である。この街にはボケリア市場という観光客に人気の市場もあるが、よりローカル感が漂うこちらの方が個人的には落ち着く。

市場というぐらいだから、野菜や果物、肉、魚といった生鮮品がズラリ並ぶが、旅行者なのでそれらを買うわけにはいかない。せいぜい写真をパチパチ撮るぐらいである。

では、お目当ては何かというと、市場の一角にあるバルだ。バーのようでカフェのようなお店。コーヒーやお酒が飲めて、軽食がつまめる。スペインならではの飲食店と言えるだろう。

そこそこ客が入っているバルを見つけ、カウンター席に座った。念願だったイベリコ豚の生ハムと、あとは白ワインを注文。すると、店のお兄さんが怪訝な表情を浮かべた。

「えっ、なんで白？　赤の方がいいよ」

余計なお世話なのだが、言われてみれば確かに赤の方が合いそうだ。スペイン語でワインのことを「ヴィーノ」という。「ビーノ」と書いてもいいが、スペルは「Vino」なのでヴィーノのほうが適切だろう。赤がティント、白がブランコである。お酒に関する外国語

スペインの生ハムは最高に美味い。種類豊富なタパスをつまみつつ、ワインを味わうのは至福の時間だ。

は覚えやすい。お兄さんの忠告に素直に従いつつ、ブランコからティントに変更したのだった。

真っ昼間からワインを味わう幸せ。午前10時頃だったから、昼というよりまだ朝だが。とはいえ、まだ日も高いうちから乾杯するのも、この国ではそんな珍しいことでもない。わずかに罪悪感も覚えたが、郷に入っては郷に従うべしであると自分を正当化させた。

お店を出る頃にはすっかりほろ酔い気分である。やがて猛烈な睡魔が襲ってきた。足取りがおぼつかなくなるほどで、意識が朦朧としてきた。ね……ねむい。まるで睡眠薬でも服用したかのようで、抵抗を試みるも自然とどんどん瞼が閉じてくる。スヤスヤァ……。

日本からバルセロナまでは直行便がなく、途中どこかで飛行機を乗り継ぐ必要がある。このときはオーストリアのウィーン経由だった。乗り継ぎ時間も長く、ほぼ1日がかりの大移動だ。おまけに時差が8時間もある。少しぐらいワインを飲んだだけでこうも眠くなることはない。要するに、時差ボケしていたのだ。

結局そのまま宿に引き返してベッドに倒れ込んだ。本当なら色々と観光するつもりだったが、予定はすべてキャンセル。目が覚めたときにはとっくに日も暮れていた、というのが話のオチである。あちゃあ……とため息をついたが、一方であきらめの気持ちも頭をもたげた。

「まあ、いっか。スペインだし」

この国にはシエスタといって、お昼寝をする習慣があるのだ。初めてスペインを訪れたとき、このユニークな生活習慣に驚かされたことを覚えている。純粋に羨ましいと思った。

お昼寝するぶん、スペインでは1日が長い。ランチのあと2～3時間もの休憩を経て、夕方に仕事を再開する。すると当然ながら退社するのも遅くなる。業務を終えるのは20時や21時とかで、それから晩ご飯を食べるから、就寝するのは深夜だ。つまり、1日の行動スケジュールが全体的に後ろ倒しになる。

近年はこの独特な習慣を改めようという動きもあるそうだ。お昼ご飯を食べたあとはやはり眠くなる。ならば昼寝をした方が生産性が高くなるという考えには一理ある気がするのだが、果たしてどちらがいいのか。少なくとも、時差ボケした旅行者にとっては好都合だが……。

ちなみに、南米のチリやアルゼンチンなどでも、シエスタの文化が根づいていた。南米諸国はかつてスペインの植民地だった歴史を持つ。その名残なのだが、本国スペイン以上にお昼寝時間が長い印象も受けた。いずれもワインが美味しく、居心地が最高に良かった。どうやらシエスタ文化圏と自分は相性がいいようだ。

スペインはヨーロッパの中でもとくにお気に入りの国で、「いちばん」という切り口なら語りたいテーマはほかにもたくさん思いつく。

ついでに紹介すると、世界でいちばん衝撃を受けた食べ物は「生ハムメロン」だった。スペインを代表する名物料理である。生ハムもメロンもどこにでもあるが、これらを一緒に味わうというアイデアに心から敬服してしまったのである。本当によくぞ考えたものだ。これぞ奇跡の組み合わせと言っても過言ではない。

ほかにも、スペインといえば闘牛にもカルチャーショックを受けた。エンターテインメント部門ではある意味世界一。そんなこんなで書きたいネタは豊富なのだが、今回はあえて「眠かった」という点を強調しておきたいのだ。

スペインを訪れたらぜひ立ち寄りたいのが市場だ。色とりどりの野菜や果物。肉の塊が天井から吊されている風景も大迫力だ。旅の楽しみは食であると改めて実感できる国なのだ。お腹が空いたら市場内のバルへ。

バルセロナでとくに賑わっているのがランブラス通り。広々とした並木道は気分が高揚する。土産物屋で物色したり、歩き疲れたらカフェのテラスで休憩したり。

絵になる人が多い。ラテンの国だから明るい色の花が似合う。

童話の世界に出てきそうなメルヘンな家々が立ち並ぶグエル公園。ここもガウディの作品群の一つだ。こんな公園が近所にあったらいいのに。

テーマ
22

世界でいちばん手軽な国 マレーシア

隣国のタイやシンガポールに比べると、旅先としていまいち牽引力に欠けるのは確かだろう。実際、日本からの国別訪問者数を確認すると、それら両国とは大差が付いている。また、出版されているガイドブックの種類が少ないことからも人気の度合いが窺える。

しかし、通好みの国かというと決してそんなことはない。むしろ、海外旅行慣れしてない人にこそオススメしたい旅先だと思うのだ。

マレーシアである。

エキゾチックな風景の中で、無理なく異文化に触れられる。治安の心配はいらない一方で、適度に刺激も得られる。何より、予算的に安く済むのがうれしい。

なんというか、タイとシンガポールを足して2で割ったような感じ。地理的にもちょうど両国に挟まれているし。一言でいえば、「手軽な国」という表現がしっくりくるのだ。

「マレーシアねえ……何があるの？」

という質問をよく受ける。どんな見どころがあるのかなど、いまいち知られていない気がするが、楽しみ方は多彩だ。海もあれば山もある。グルメやショッピングも満喫できる。

個人的にプッシュしたいのは、ボルネオ島だ。世界で3番目に大きな島で、とにかく自然にあふれている。南国の海に面したホテルでビーチ・リゾートを楽しんだり、世界遺産の密林の中を散策したり。東南アジア最高峰のキナバル山もこの島にある。さらにはオランウータンや、世界最大の花ラフレシアなんて名物も。

一方で、マレーシアは都市部もおもしろい。初めて首都クアラルンプールを訪れたときのこと。アジアらしい雑然とした街並みの中に、近未来的な高層ビルが共存している風景を目の当たりにして、ドギマギさせられた。

着いたのが夕方で、そのまま夜市へ繰り出したら、通りが無数の屋台で埋め尽くされていた。街一番の繁華街、ブキッ・ビンタン。その名の音の響きにも妙に異国情緒を感じた。行き交う人々の熱気と、屋台の電球の光、そして漂う食べ物の匂いに触発されながら、我を忘れて彷徨った。遠くに見えるツインタワーのあまりの煌びやかさに魅了され、ずんずん歩き続けてその麓に辿り着いた。

かつて世界一の高さを誇ったこともあるというツインタワーは、間近にするとさらに輝いて見えた。まるで建物自体が発光しているかのようで、その眩しさに目を細めた。

美味しいものを求めて夜の屋台街へ繰り出した。アロー通りには名店がひしめいている。食後は、近くにあるバーが集まった一画へ。

見知らぬ異国の夜道である。普段ならそれなりに警戒もするのだが、クアラルンプールでは女性や小さな子どもの姿もたくさん見かけた。

「ここは大丈夫そうだなぁ……」

と、すっかり安心したことを覚えている。

旅にトラブルはつきものだが、考えたらマレーシアでは一度も危険な目に遭ったことはない。唯一の失敗体験としては、実は飛行機に乗り損ねたことがある。ただ、あれは自分の落ち度であってマレーシアのせいではない。遅刻してしまい、搭乗できなかったのだ。クアラルンプール発、ペナン行きの国内線。飛行機に乗り遅れたのは、後にも先にもこのときだけだ。

仕方ないので、その場で航空券を買い直して、次の便に乗った。なんとも馬鹿げた出費だが、これが思ったよりも高額ではなかったのは嬉しい誤算といえた。日本円にして3000～4000円ぐらい。当日に空港で購入した航空券にしては手頃な部類に入るだろう。

航空券が安かったのは、LCCのエアアジアだったからだ。マレーシアはアジアの中で最もLCCに力を入れてきた国で、エアアジアはその象徴ともいえる存在である。日本にも就航しており、破格の運賃がしばしば話題となった。セール時には東京〜クアラルンプールの往復チケットが税込み1万円台なんてこともザラである。それほどまでに格安で渡航できることもまた、手軽な国とする一因といえよう。

ちなみに、あくまでも「手軽」なのであって、「気軽」ではない点は補足しておきたい。

自分の場合、心理的なハードルになっているのは、同国では自由にお酒が飲めないこと。周辺国にはない、イスラム教の国ならではの事情なのだが、酒好きとしてはやはり気になる点だ。もっとも、実際にはそこまで厳しいわけでもなく、都市部であれば探せば飲める店は簡単に見つかる。ただし、探さないと見つからないのも事実で、ほかの国々のようにどこでもいつでも飲み放題とは行かないのは確かである。

また、お酒の値段も物価からすると割高に感じられる。タイのシンハー・ビールや、シンガポールのタイガー・ビールのようなご当地モノの銘柄も存在しない。近年は、法律で飲酒可能な年齢が21歳に引き上げられたりもしているそうだ。そんな話を聞くと、酒好きな旅人としてはつい足が遠のいたりするのも正直なところで、手軽ではあるが気軽ではないなぁという結論になってしまうのだ。

多民族国家なので異文化に触れられる。マレー料理、中華料理、インド料理など食べ歩く楽しみも。

写真左はチャイナタウン、下はリトルインディア。同じ街なのに、こんなにも風景が違う！

自然にあふれたボルネオ島ならプチ冒険気分に。

高級ホテルに比較的手頃な価格で泊まれることで知られる。コスパ最高なのだ。

離島ならペナンやランカウイなども根強い人気を誇る。南国ならではのビーチ・リゾートを手軽に楽しめる。

テーマ 23

世界でいちばんコーヒーな国
エチオピア

誤解を恐れずに書くと、アフリカへ行くのは怖かった。思い浮かんだのは「暗黒大陸」のイメージ。暴力が渦巻く修羅の世界で、狩られるのではないかと腰が引けた。要するに、ビビっていたわけだ。少なくとも、同じ海外でも旅慣れたアジアと比べると得体の知れなさのようなものを感じていたのが正直なところ。

そんなアフリカ大陸の中で、初めて訪れた国がエチオピアだった。ほとんど予習もしていなかったから、予備知識は皆無に近い。どんな国なのか、どういう見どころがあるのか、などまったく分からない状態で、首都アジスアベバに到着した。内心ビクビクしながら。

初めてのアフリカは衝撃の連続だった。何より驚いたのが、自分たち以外ほぼ全員が黒人であること。周りを見回すと、みんな黒い。想像はしていたものの、それはそれまでに体験したことのない風景で、ドキリとさせられた。

思えば、到着して1泊目のホテルからしてとんでもないところだった。1階がお酒を飲むバーで、2階に客室という形式のホテルである。周辺でも賑やかな盛り場という感じで、1階からドコドコした音楽が夜遅くまで鳴り響いていた。部屋には大きなベッドが一つ。そして、なぜか枕元に避妊具が置かれていた。そこは、いわゆる売春宿のようなところだったのだ。

身の危険を感じて翌日には別の宿に移ったが、第一印象は最悪と言っていい。

「なんで来ちゃったんだろう……」

と、後悔し始めたほどなのだが——人間、案外すぐに慣れるものだ。数日も滞在すると、黒人だけのアフリカンな風景にも違和感を覚えなくなってきた。やがて恐怖心も消え去り、旅を楽しむ余裕も生まれてきたのだった。

偏見を取り除き、フラットな気持ちで向き合うと、エチオピアは途轍もなくおもしろい国だった。特筆すべきなのは、エチオピアはほかのアフリカ諸国と違って列強による植民地支配をほとんど経験していないこと。それゆえに、独自の歴史や文化が色濃く残っているのが魅力だ。

アフリカでは珍しく世界遺産の数が多く、たとえばエチオピア正教の教会などは非常に見応えがある。巨大な岩をくり貫いて建てられた原始的な教会など、一風変わったものばかりだ。教会内で見られる宗教画もポップな雰囲気で、欧州のものとは一線を画する。

名物料理もちゃんとある。といっても、そのあまりの個性的な味に、旅人の間でも好き

名物料理「インジェラ」は旅人の間で好き嫌いの分かれる味。見た目はクレープのようだが、とにかく酸っぱい。

嫌いが分かれる食べ物として有名だ。どちらかといえば、否定的な意見のほうが多い。その名も「インジェラ」という。穀物の粉をクレープ状に焼いたもので、発酵させておりものすごく酸っぱい。万人受けする料理ではないがゆえに、かえって強い存在感を放っていたりもする。

インジェラはエチオピア人にとっての主食である。では、これを苦手とする外国人旅行者は何を食べればいいのかというと、ピザやパスタが有力候補となる。実は、本格的な植民地支配を免れた同国も、短期間ながらイタリアの支配下に置かれていたことがある。その名残なのか、イタリア的なものに出合えるのだ。

カフェが生活に溶け込んでいるのもそのひとつ。都市部ではイタリア製のエスプレッソマシーンを備えたおしゃれカフェをしばしば見かけた。一方で、道端に椅子を並べただけの簡素なローカル喫茶店もそこらじゅうにあって、人々の憩いの場となっていたのが印象深い。

エチオピアではコーヒーで客人をもてなす習慣が根付いている。「ブンナベット」と呼ばれ、伝統的な作法に則ってコーヒーを淹れる。英語だと「コーヒー・セレモニー」。ある意味、日本の茶道にも通ずるものがある。

ローカルな喫茶店でも、焦れったいほどに時間をかけてコーヒーを用意してくれる。出来上がりを待つ間に、同席した人たちとのコミュニケーションを楽しんだりするのもまた有意義なひとときだ。そうして手間暇かけて淹れた1杯のコーヒーを、心からリラックスして味わう。こんなに優雅な飲み方をする国はほかにない。

個人的には、この独自のコーヒー文化こそがエチオピア旅行の最大のハイライトではないかと思う。街角から、ふくよかな香りが漂ってくる。コーヒー好きにはたまらない国なのだ。

アフリカではその後、大陸南端の喜望峰まで陸路縦断したが、エチオピアはほかの国々と比べても異彩を放っていた。旅人の琴線に触れる要素が多い、とでも言えばいいか。行く前はあんなにビビっていたのに、すっかりハマってしまい、その後もう一度訪問している。アフリカで2回以上入国しているのは、いまのところエチオピアだけである。

アフリカでどこか1ヵ国というならとくにオススメ。とびきりの笑顔に出会える国だ。

アジスアベバの人気コーヒー店。立ち飲みスタイルで次々と客がやってくる。お土産にここの豆を買って帰った。

見回すと周りが全員黒人という風景。最初は戸惑ったが、話してみると実はいい人ばかり。

とくに観光せずとも、町をぶらぶら歩いているだけでも楽しい。道端の書店に本が積まれていたのが印象的だ。「マルカート」にもぜひ訪れたい。東部アフリカでは最大規模を誇る市場で、活気に満ちあふれていた。

マルカートで撮影した1枚。アジアとはまた違った感じで雑然としている。この国もまた被写体の宝庫だ。

テーマ 24

世界でいちばん前向きな国
キューバ

きれいな海、陽気な人々、カラフルな家々。

カリブ海の国々というと、まず思い浮かぶのがこれら3つのキーワードだ。しかし、キューバだけでは例外である。「きれいな海」と「陽気な人々」までは同じなのだが、「カラフルな家々」のイメージがないのだ。

むしろ色褪せていたほどで、言い方は悪いが、建物が妙にぼろっちい。外壁が崩れ、鉄骨が剝き出しになっていたり。修繕した箇所が生々しく露出していたり。まるで街全体が廃墟のようだなぁ、というのが正直な感想だ。

古びているのは、建物だけではない。街中を走る車もまたやけにレトロである。博物館から飛び出したかのような年代物の自動車が、いまだ現役という事実。時間が止まっているのではないかと錯覚したほどだ。

ほかのカリブの国、たとえばジャマイカやハイチなどはアメリカの影響が感じられる。地理的に北米に近いし、アメリカ人のリゾート先としてもカリブ海は定番なのだろう。

ところが、キューバではアメリカンな文化に触れなかった。訪問した当時はまだ両国の国交が回復していなかったせいもあるが。当時アメリカからは便がなく、メキシコ経由で訪れた。そういえばキューバではコカ・コーラすら見かけなかった。世界一周中に訪問した国々の中で、コカ・コーラがなかったのはこの国だけだ。

食事するのに困ることが多かったのも覚えている。食材がいまいちなのか、出てくる料理はどれもパッとしない。サラダの野菜が酢漬けだったのには困惑した。そもそも外食する場所自体が限られるため、我々のような外国人旅行者は泊まっている宿で作ってもらうのが定石だった。

経済的には、決して裕福な国ではない。これぞまさに社会主義の国といった印象だ。一言でいえば、モノがない。本当にないない尽くしだ。首都ハバナ最大の百貨店へ行くと、ショーウィンドーがスカスカで呆気に取られた。

何より驚かされるのが、配給制であること。

「石鹸を買ってくれませんか？」

外国人向けの商店の前で、見知らぬ女性からそんな風に懇願されたりもした。外国では物乞いは珍しくないが、お金や食べ物ではなく、石鹸が欲しいと言われたのは初めてだ。

街が廃墟みたいで、人々が貧しい暮らしをしている——そう聞くと、なんだか殺伐としてそうに思えるかもしれない。しかし、実際にはまったく逆であるのは、この国の不思議なところだ。人々はみな親切で、治安はめちゃくちゃいい。あっけらかんとしているというか、とぼけた人や、お調子者はいるものの、滞在中に悪意のようなものをまったく感じなかった。

キューバの人たちの明るさを語るうえで欠かせないのが、音楽の存在だろう。サルサの国である。街を歩いていると、そこかしこから陽気な音楽が聞こえてくる。音が鳴る方へ行ってみると、着飾った男女が華麗なステップを踏んでいたりする。ダンスバーはどこも大盛況だ。

キューバでは忘れられないエピソードがある。

その日は、街の市場で雑貨を購入した後、ルンバのパーティに遊びに行っていた。いわゆる社交ダンスで、観客も積極的に参加するのがキューバ流だ。踊りの輪に入って、周りの人を真似して腰を揺らし始めたときだった——。

足下で、ガチャンと大きな音がした。嫌な予感がした。ついさっき市場で買ったばかりの民芸品が入った袋を落としてしまったのだ。恐る恐る中を見てみると、陶器の置物が見事に割れていた。しょんぼりである。

すると、隣で一緒におしゃべりしていた、英語のできるキューバ人の女性が言った。

「キューバではね、物が壊れたときは、その物が自分に起きるはずの災難を受け止めてくれたって考えるの。だから本当はアナタに災難が起こるはずだったのに、この置物が代わりになってくれたんだよ。喜ばなくちゃ」

落ち込む我々を慰めてくれたわけだが、彼女の台詞を聞いて、なんて前向きな思考なのだろう！　と衝撃を受けた。それは自分がそれまで考えたこともない発想だった。

世界から孤立し、独自路線を行く国である。ところが、物質的な豊かさとは無縁の生活を送っている人々が、精神的には自分よりもずっと豊かな人生を送っている。

このときの一件は、自分の中でひとつの教訓となった。その後の人生に大きな影響を与えてくれたといっても大げさではないほどだ。

失敗したとしてもクヨクヨしない。何事もポジティブに捉えた方が上手くいくのだ。

ハバナはかつてスペインの貿易港として栄えた街。旧市街には要塞跡などが残り、世界遺産に登録されている。

左／革命家として知られるチェ・ゲバラはこの国の英雄。あちこちで肖像画などを目にした。 右／街に音楽があふれていた。陽気なリズムがあちこちから聞こえてきて、つい踊りたくなる。

どこか懐かしい風景のオンパレード。3輪の自転車タイプの乗り物は、アジア以外の地域では珍しいかも。

たまたますれ違っただけなのに、親しい友だちのような笑顔で接してくれる。気持ちのいい人ばかりだった。

嫌なことはスパッと忘れて、楽しく踊り明かすのだ。前向きに、前向きに。

テーマ 25

世界でいちばん住みたい国 日本

あとがきにかえて――

日本国内の某家電量販店で、店員さんにトイレの場所を訊ねたときのことだ。

「ありがとうございます」

なぜかお礼を言われ、困惑するという出来事があった。感謝するべきは教えてもらったこちら側である。正直、意味が分からなかった。

さらには、ファミレスで食事をしていたときのこと。誤ってフォークを床に落としてしまい、お店の人に新しいものと替えて欲しいとお願いすると——。

「申し訳ありませんでした」

なぜかお詫びされてしまった。落としたのはこちらの不注意だから、お店の人が謝る必要なんてもちろんない。いやはや、ますます意味不明である。

似たようなエピソードはほかにもたくさんある。その度に僕は混乱してしまうのだが、彼らからすればきっと深い意味はないのだろう。お礼や謝罪の言葉とはいえ、実質的には挨拶代わりの台詞にすぎないわけだ。

なんでいきなりこんな話をしているのかというと、最後に日本について少し書いてみようと思ったから。25ヵ国目として取り上げてみたいなあと。都合のいいことに「あとがき」を書く欄が残っていたので、勝手ながら本書のしめくくりを兼ねる形でここでは日本について綴ってみたい。

外国を旅していると、無意識のうちに母国と比較してしまう。我が国のいいところや、おかしなところを客観的に見つめられるようになる。良くも悪くも海外旅行の副作用のひとつなのだが、そんな視点で日本について書こうと思ったときに、真っ先に思い浮かんだのが冒頭のエピソードだった。

不適切なお礼や謝罪——過剰なまでのサービス精神なのだが、ある意味これぞ日本とでもいうべき、象徴的な不思議体験と言っていいだろう。

細かいことほど気になるものだ。日本のちょっとヘンな部分を挙げるとキリがないのだが、もうひとつ具体例を出すと、何か事務的な用があって封書を送るときのこと。返信用封筒に記載された宛先の、最後の「行」に斜線を入れ「様」と書き換える、なども冷静に考えたら相当ユニークである。ほかの国々では聞いたことがない一風変わった習慣で、日本人らしい奥ゆかしさが感じられる。

とまあ、なんだか皮肉めいた書き方をしてしまったので、誤解されないか心配だ。別に日本の悪口を言いたいわけではない。むしろ、逆である。日本はなんていい国なのだろうと心から痛感しているのだ。

「いちばん住みたいのはどこですか？」

そんな質問をされたなら——日本と即答してしまう。いろいろな国を見たけれど、結局自分の国がいちばん良かったというオチである。なんじゃそりゃと、質問した人はガッカリするかもしれないが、ウソはつけないのだ。

だって、こんなに快適な国はないもの。街は綺麗だし、食事は美味しいし、多くの人は親切だ。治安の心配はほぼ不要で、命の危険を感じることはまずない。日々の買い物でボッタクリに遭うことも滅多にないし、欲しいものは大抵は簡単に手に入る（お金さえあればだけれど）。

そういえば、海外へ行ってお菓子の袋を開けるときなども日本の優位性を感じる。手で口を切ろうとしてもなかなか切れなかったりするからだ。日本のお菓子は優秀で、大して力を入れずともスッと袋を開けることができる。お菓子に限らず、食品や日用品などなんでもそうだが、パッケージの開けやすさは世界一だ。

個人的には、我が国が誇るポップカルチャーの存在にもありがたみを覚えている。アニメやゲームはもはや旅と並んで我が人生に彩りを添える存在だから、日本に生まれて良かったと痛感している。日本産コンテンツの幅広さ、奥深さは相当なもので、一生かけても遊び尽くすのが不可能なほど。

当たり前だが、日本の旅では日本語さえ話せればOKだ。自分が英語があまり得意ではないせいもあるが、細かいニュアン

©創通・サンライズ

最近だと、横浜の「動く実物大ガンダム」には心底感動した。ポップカルチャーは日本ならではの観光資源。「聖地巡礼」を名目とした旅は個人的にも十八番だったり。

春は花旅がお約束だ。開花状況を見極めつつ、四季折々の美しい自然を愛でるために旅立つ。日本の美しさを再実感。

スまで含めて言葉が完全に通じるというのは本当に楽チンである。

あとは、電車がきっちり秒刻みで時間通りに運行しているのも世界的に見れば稀有だと思う。旅人的には計画を立てやすいのはありがたい。

近年はますます精力的に国内旅行もしているが、見どころが本当に盛りだくさんで日本は旅先として一級だと感じる。桜や新緑、紅葉、雪景色など四季折々の美しい自然が楽しめるから、同じ場所を繰り返し訪問しても飽きない。戦国時代の古戦場やお城など、歴史好きとしては史跡巡りもライフワークだ。

旅人的には「和食」ではなく「日本食」と呼びたい。寿司、いやSUSHIが世界で大人気なのも納得だ。

猛烈な暑さにへこたれそうになりつつも、冷たいビールをグビッとする瞬間がたまらなく愛おしい。日本の夏は花火や盆踊りなど季節感あふれる行事が目白押しなのもいい。

北は北海道から南は沖縄まで、日本全国全都道府県を巡ったが、日本国内のほかの街で住みたい場所はいくつか見つかった。実はいくつかの街ではすでに「プチ移住」という形で住人体験を済ませていたりもする。
魅力的な土地を見つけたら、まずは短期間でも住んでみる。思いつきの軽いノリでそんな芸当ができるのも母国ならでは、である。

これを書いているのは2021年8月。コロナ禍による自粛生活が長引き、海外旅行ができない日々が続いてるが、一方でそれほどストレスを感じていないのも正直なところだ。なぜだろうかと考えて、自分にとって日本が「世界でいちばん住みたい国」だからだろうと改めて理解したりもしたのだった。

最後に補足しておくと、本書は『国際人流』という定期刊行誌で連載していた原稿をまとめたものである。公益財団法人入管協会が発行しており、出入国管理行政にかかわる統計や、入管法の改正に関する情報を掲載する媒体だ。
業界向けのいわば機関誌のような存在になる。一般誌などとは違い、誌面はどちらかというとお堅い雰囲気だから、自分の担当ページだけ毎回妙にゆるい内容で、大丈夫なのだろうか、浮いていないだろうか……などと内心ヒヤヒヤしながら執筆していたのを覚えている。好き勝手にやらせていただき、当時の担当編集氏にはこの場を借りてお礼申し上げたい。

連載期間は2019年4月から2021年3月まで。元々は1年の予定で始めたのだが、途中で延長して結局2年続いた。月刊誌だから毎月1本。最初のタイから、最後のキューバまで収録内容が計24本となっているのは、連載期間がちょうど2年間だったからだ。

タイトルは、連載時は「いちばんに出会う旅」だったが、書籍化にあたって再考した。いちばん探しの世界旅――自分でも結構気に入っている。

「世界旅」というワードを採用できたのは、2年も続いたことで結果的に24ヵ国もの旅の話が集まったお陰だ。自由に海外へ行けない昨今、読んでいただいた方々が少しでも旅気分を味わってくださったなら本望である。

本書の制作にあたっては編集・佐々木勇志さんに大変お世話になりました。また、表紙カバーには画家・せつはやとさんのサグラダ・ファミリアの絵を使用させていただきました。せつさんは同時期に世界一周していた旅仲間だったりします。心から感謝。
これまでに旅したのは約90ヵ国になる。本書で取り上げたのはそれらのうちの24ヵ国ということで、まだまだ紹介しきれていない国々のほうが多い。いつかまた機会があればほかの「いちばん」についても書いてみたいなあと密かに企んでいるので、またどこかでお会いできたら幸いだ。ではまた！

2021年8月6日　広島風つけ麺が無性に食べたくて　吉田友和

吉田友和（よしだ・ともかず）

1976年千葉県生まれ。2005年、初の海外旅行であり新婚旅行も兼ねた世界一周旅行を描いた『世界一周デート』（幻冬舎）でデビュー。その後、超短期旅行の魅力をつづった「週末海外！」シリーズ（情報センター出版局）や「半日旅」シリーズ（ワニブックス）が大きな反響を呼ぶ。2020年には「わたしの旅ブックス」シリーズで『しりとりっぷ！』を刊行、さらに同年、初の小説『修学旅行は世界一周！』（ハルキ文庫）を上梓した。近著に『大人の東京自然探検』（MdN）『ご近所半日旅』（ワニブックス）などがある。

わたしの旅ブックス

036

いちばん探しの世界旅

2021年10月13日　第1刷発行

著者――――――吉田友和

写真――――――吉田友和

デザイン――――松田行正、杉本聖士（マツダオフィス）

地図作成――――山本祥子（産業編集センター）

編集――――――佐々木勇志（産業編集センター）

発行所―――――株式会社産業編集センター
〒112-0011
東京都文京区千石4-39-17
TEL 03-5395-6133　FAX 03-5395-5320
https://www.shc.co.jp/book

印刷・製本 ―――株式会社シナノパブリッシングプレス

ISBN978-4-86311-312-1 C0026